C.H.BECK WISSEN

in der Beck'schen Reihe

Nach chinesischer Auffassung beginnt die Geschichte des neuzeitlichen China mit den Opiumkriegen, und die Gegenwart beginnt mit der 4.-Mai-Bewegung 1919. In dem vorliegenden Buch werden, eingebettet in die Darstellung der wichtigsten Ereignisse der letzten 150 Jahre, die Entwicklungsrichtungen und die inneren Konflikte Chinas ebenso dargestellt wie die großen Errungenschaften dieses Riesenreiches und außenpolitische Verwicklungen. Die Kombination chinesischer Geschichtsdarstellungen und Außenperspektiven geben dem Leser ein komplettes Bild. Helwig Schmidt-Glintzer vermittelt das wichtigste Wissen, um die heutige Entwicklung Chinas und seine Stellung in der Welt verstehen zu können.

Helwig Schmidt-Glintzer, bis 1993 Professor für ostasiatische Kultur- und Sprachwissenschaft an der Universität München, ist Direktor der Herzog-August-Bibliothek Wolfenbüttel und zugleich Professor an der Universität Göttingen.

Helwig Schmidt-Glintzer

DAS NEUE CHINA

Von den Opiumkriegen bis heute

Verlag C.H.Beck

Mit 3 Karten

1. Auflage. 1999
2. Auflage. 2001

3., aktualisierte Auflage. 2004

Originalausgabe

Gesamtherstellung: Druckerei C. H. Beck, Nördlingen
Umschlagentwurf: Uwe Göbel, München
Printed in Germany
ISBN 3 406 44726 0

www.beck.de

Inhalt

Abkürzungen

EU	Europäische Union
GMD	Guomindang (Var.: Kuo-min tang), Nationalistische Partei
KPCh	Kommunistische Partei Chinas
UdSSR	Union der Sozialistischen Sowjetrepubliken, kurz: Sowjetunion
USA	Vereinigte Staaten von Amerika
VRChina	Volksrepublik China, offizieller Name: Zhonghua Renmin Gongheguo

Vorwort

Auch wenn die Tradition chinesischer Kultur und Staatlichkeit mehrere Jahrtausende zu bestehen scheint, wissen wir doch, daß sich im 19. und im 20. Jahrhundert – wie überall auf der Erde – in China dermaßen viel verändert hat, daß wir trotz vieler Anklänge an Vergangenheit und oft absichtsvoller Beschwörungen langer Traditionen auch dort von einer neuen Welt sprechen müssen. Gerade wegen dieser Verschränkung von Neuem und Altem und weil die Geschichte im öffentlichen Diskurs in China eine zentrale Rolle spielt, kann es niemandem gleichgültig sein, wie sich die neuere und neueste Geschichte des bevölkerungsreichsten Landes der Erde darstellt, zumal die Erfahrungen Chinas und die inneren Notwendigkeiten seiner Existenz und seines inneren Friedens gelegentlich in krassem Gegensatz zu stehen scheinen zu dem, was in der westlichen Welt als selbstverständlich gilt.

Die vorliegende Darstellung ist daher auch ganz bewußt aus der Perspektive der Erfahrungen dieses Jahrhunderts geschrieben worden. Der Verfasser leugnet nicht, daß ihm angesichts der geschichtlichen Erfahrungen vielerlei zukünftige Entwicklungen denkbar erscheinen. Wenn etwa China seinen wirtschaftlichen Fortschritt der letzten Jahre fortsetzt, werden wir im kommenden Jahrhundert mit einer Neuformierung geopolitischer Gravitationszentren zu tun haben. Eine solche von China selbst geforderte Multizentralität steht nun in eklatantem Widerspruch zur Zentralität Chinas. Daher wird es sehr darauf ankommen, daß sich China auch intern auf die Notwendigkeiten und Chancen eines föderativen Prozesses einstellt, der wohl der einzige Weg zur Fortsetzung der Moderne ist.

Für vielfältige Anregungen, Kritik und nützliche Hinweise danke ich vielen Freunden und Kollegen. – Die Arbeiten an diesem Band widme ich meiner Frau Karola und unseren Kindern.

Wolfenbüttel, im Mai 1999 *HSG*

Vorwort zur dritten Auflage

Diese neue Auflage ist gegenüber der ursprünglichen Fassung nur leicht ergänzt worden. Grundlegendes scheint sich in den letzten Jahren auch nicht verändert zu haben. Und doch haben sich neue Horizonte aufgetan. Das betrifft die internationale Sicherheitslage, die sich verschiebenden Rohstoffkreisläufe, den zunehmenden Einfluß Chinas in der internationalen Politik und vor allem die innerchinesischen Entwicklungen auf verschiedenen Gebieten, vom Finanzsektor bis zur Energiewirtschaft, insbesondere aber auf dem Gebiet der Bildung und Ausbildung. Vielleicht mehr noch als das über Jahre anhaltende wirtschaftliche Wachstum und mehr noch als der Umbau der Metropolen wird die gesteigerte Qualifizierung der nachwachsenden Generationen und deren Partizipation an der globalen Informations- und Konsumkultur einen Entwicklungsschub hin zu einem „neuen" China zur Folge haben, zu dem das 20. Jahrhundert lediglich als Vorstufe erscheint. Und doch wird auch dieses China anknüpfen an die älteren Traditionen. Zwar wird es neue Idole hervorbringen, doch zeichnet sich jetzt schon eine intensivere Zuwendung zur Geistigkeit der alten kulturellen und zivilisatorischen, darunter der religiösen wie der literarischen Traditionen ab. Äußere wie innere Herausforderungen und Naturkatastrophen sowie religiöse soziale Bewegungen und neue Seuchengefahr stellen China vor gewaltige Aufgaben. Nicht nur die Chancen des Wachstums und die sozialen und politischen Risiken in China werden deutlicher, sondern mit der zunehmenden Einbindung Chinas in die internationale Politik wird sich China selbst, wird sich aber auch das Netzwerk der internationalen Beziehungen verändern. Daher bedarf es neben der sicher unverzichtbaren individuellen Beschäftigung mit China in Europa des öffentlichen Diskurses über die zukünftige Rolle Chinas. Besonders erfreut bin ich daher, daß die vorliegende Darstellung inzwischen auch in italienischer Sprache Verbreitung gefunden hat.

Wolfenbüttel, im März 2004 *HSG*

Einleitung

„Was wir der Welt beweisen müssen, ist nicht, daß das alte China nicht tot ist, sondern daß ein neues China im Entstehen ist."

Li Dazhao (1888–1927)

Wenn man zu Beginn des 21. Jahrhunderts eine Geschichte Chinas der letzten einhundertfünfzig Jahre schreibt, so wird vieles, was über Jahrzehnte die Aufmerksamkeit gefesselt hat, in ein neues Licht gerückt. Ein schwieriger Übergang scheint abgeschlossen, der für China ein doppelter Übergang war: die Überwindung der alten Reichsverfassung und die Behauptung gegenüber den Kolonialmächten und den Territorialinteressen Japans und Rußlands.

Wirtschaftlich ist China heute wieder – wie während der längsten Zeit des chinesischen Kaiserreiches – das Gravitationszentrum in Ostasien, auch wenn gegenwärtig die Wirtschaftskraft Japans noch ein größeres Gewicht hat als die Chinas und auch wenn völlig offen ist, wie China seine maroden Staatsbetriebe auflösen oder erneuern will, ohne den inneren Frieden nachhaltig zu gefährden; ganz zu schweigen von den Gefahren für die Umwelt, wenn dieses Viertel der Menschheit im Energie- und Trinkwasserverbrauch den industrialisierten Ländern nacheifert. Die Ausdehnung und die hohe Bevölkerungszahl Chinas relativieren zwar die starke Wirtschaftskraft der Industrie- und Dienstleistungszentren in den östlichen Küstenregionen. Doch angesichts der großen Einwohnerzahl lassen verschiedene Faktoren – darunter der statistische Durchschnitt des Pro-Kopf-Einkommens (und dessen Kaufkraft) sowie die durchschnittliche Lebenserwartung – China im internationalen Vergleich weit vor einer Vielzahl anderer Staaten rangieren.

Im Rahmen der Wirtschaftsentwicklung in Ost- und Südostasien, an der auch Auslandschinesen maßgeblichen Anteil haben, kommt China die wichtigste Rolle zu, die es politisch sowie militärisch anzunehmen und auszufüllen längst begonnen hat. China ist also nicht nur Teil der Weltgesellschaft geworden, der es in anderer Weise auch früher schon war, sondern die Geschichte Chinas muß heute, nach dem Ende des Kolonialzeitalters, neu geschrieben werden, genauso wie die Geschichte Europas und die der beiden Amerikas angesichts der globalen Entwicklungen aus neuen, zumindest bisher ungewohnten Perspektiven zu sehen ist.

Hier nun soll die Geschichte der letzten einhundertfünfzig Jahre in China als Teil der Geschichte Ostasiens sowie im Kontext internationaler Verflechtungen und Interdependenzen skizziert werden: aus der Perspektive Chinas, aber nun nicht des „offiziellen" China allein, auch nicht aus der Perspektive chinesischer Dissidenten, sondern aus der reflexiven Betrachtung eines deutschen Europäers, der sich mit der Geschichte, der Geistesgeschichte und den Zeugnissen chinesischen Selbstverständnisses und immer auch mit dem gegenwärtigen China seit Jahrzehnten auseinandersetzt. Dabei geht es natürlich um die großen Linien, um die immer wieder aufflammenden Debatten um die Wahrung der Identität Chinas angesichts der vor allem mit dem Westen assoziierten Modernisierungsbestrebungen. Auch wenn es angesichts der langen Geschichte Chinas überraschen mag, so ist es doch wieder symptomatisch, daß die Frage nach der Identität Chinas die ideologisch-politischen ebenso wie die praktisch-politischen Aktionen durchzieht. Dabei ging es neben dem kulturellen Selbstverständnis immer auch um die Wahrung bzw. Wiederherstellung der Einheit Chinas in den Grenzen des letzten Kaiserreiches – und zum Teil darüber hinaus. Eine besondere Rolle kommt den Trägern der politischen Meinungen zu, den Parteieliten sowie den Angehörigen der Bildungselite, nicht zuletzt aber auch den militärischen Eliten. Und es darf nicht vergessen werden, daß Chinas politische Einheit zwar von keiner Seite in Frage gestellt wird, daß aber aus historischer Erfahrung einige Teile Chinas sich nicht leicht – oder in Zukunft vielleicht überhaupt nicht – werden integrieren lassen.

Auf der Suche nach der Moderne befand sich China nicht erst seit dem ersten Opiumkrieg (1839–1842) und seit den folgenden Konflikten mit dem Westen, sondern es kann auf eine lange Tradition von Innovation und technisch-wissenschaftlicher Kenntnis zurückblicken sowie vor allem auf eine Reformtradition, die sich bis in die Zeit des Konfuzius zurückverfolgen läßt. Freilich sind diese Traditionen immer wieder neu bewertet worden, so daß jede Rekonstruktion der Geschichte Chinas – wie auch diese vorliegende – aus ihrer jeweiligen Gegenwart zu verstehen ist. Aufgrund bestimmter sozial- und wirtschaftsgeschichtlicher Indikatoren haben manche China seit dem 11. Jahrhundert als bereits „modern" bezeichnen wollen. Auch wenn all solche Periodisierungsbemühungen sehr zeitverhaftet sind, so hat sich doch herausgestellt, daß es in China seit dem 16. Jahrhundert einen Reform- und Erneuerungsschub gegeben hat. Von „Sprossen des Kapitalismus" ist daher die Rede und für das 19. Jahrhundert dann auch von Chinas „früher Industrialisierung". Vor allem auf politisch-intellektuellem Gebiet sind die zahlreichen intensiven Reformbestrebungen und -debatten der vergangenen Jahrhunderte bisher noch kaum aufgearbeitet und erforscht. Dabei wirken diese Ideen und Vorstellungen, die von einzelnen und kleinen Gruppen vorgetragen worden waren und die nicht nur in ihrer jeweiligen Zeit die Gemüter bewegten, bis in die Gegenwart.

Wieweit nun die intellektuellen Strömungen mit sozialen und wirtschaftlichen Entwicklungen in Zusammenhang gebracht werden können, ist eine offene Frage. Auffällig ist jedoch, daß bei rapider Zunahme des Bevölkerungswachstums von etwa zwischen 100 und 150 Millionen im Jahr 1650 auf 200 bis 250 Millionen im Jahr 1750, 410 Millionen im Jahr 1850 und 520 Millionen im Jahr 1950 einerseits und bei der Konsolidierung der äußeren Reichsgrenzen des Mandschureiches andererseits im Inneren die Zahl an Aufstandsbewegungen und Bauernrebellionen derart zunahm, daß China bereits zu Beginn des 19. Jahrhunderts als sozialpolitisch äußerst fragil zu bezeichnen ist. Daher ist es auch nachträglich kaum mehr möglich, die äußeren und die inneren Gründe für den Zerfall und den endgültigen Zusammenbruch des Kaiserreiches voneinander abzugrenzen.

Seit dem Ende des 18. Jahrhunderts – man kann den Besuch der britischen Gesandtschaft unter Leitung von Earl George Macartney beim chinesischen Kaiserhof im Jahre 1793 als Schlüsseldatum nehmen – war China erneut und vollends in die Dynamik der Weltgesellschaft einbezogen, und zugleich hatte sich die innere Entwicklung derart beschleunigt, daß das Mandschu-Reich im 19. Jahrhundert vor internen und externen Herausforderungen stand, denen es am Ende dann nicht mehr gewachsen war. Es zeigte sich aber auch hier die Besonderheit Chinas, daß trotz großer interner Spannungen und trotz der Bedrohungen und großer Verlockungen von außen die Eliten Chinas an einem gesamtchinesischen Konzept festhielten und sich nicht aufspalten ließen. Diese Einheit der Eliten hat China gerettet; andererseits aber war der Preis für diese Einheit der Verzicht auf das, was in Europa als Individualismus und Bürgerstaat bis heute unser politisches Selbstverständnis prägt. So konnte die Ausgangslage für das China des 20. Jahrhunderts das Großreich der Mandschuren mit seiner geographischen und ethnischen Vielfalt werden. Diese Vielfalt kennzeichnet jedoch andererseits bis heute die inneren Spannungen und wird zur Schicksalsfrage Chinas und der gesamten Region im 21. Jahrhundert. Heute leben in China nahezu 1,3 Milliarden Menschen, und auch wenn es keine Hungerkatastrophen gibt und mancherorts sogar einen kleinen Wohlstand, so sind die zu lösenden Aufgaben von für europäische Vorstellungen zum Teil unvorstellbarer Größenordnung.

Kann man das heutige China nur aus der Geschichte verstehen? Dem Selbstverständnis der Akteure nach ist die Geschichte Teil der Identität Chinas; zugleich hat es immer wieder die These gegeben, China müsse sich von Grund auf erneuern, oder, wie Sun Yatsen es zu Beginn des 20. Jahrhunderts faßte, China sei ein „unbeschriebenes Blatt". Bei einer näheren Betrachtung zeigt sich, daß es kein Entrinnen aus der Geschichte und doch auch keine Determination gibt. Die heutige Geschichtswissenschaft und der internationale Dialog bieten immer wieder Ansatzpunkte zu neuer Rekonstruktion der Geschichte Chinas. Die ganze chinesische Geschichte, die neuere

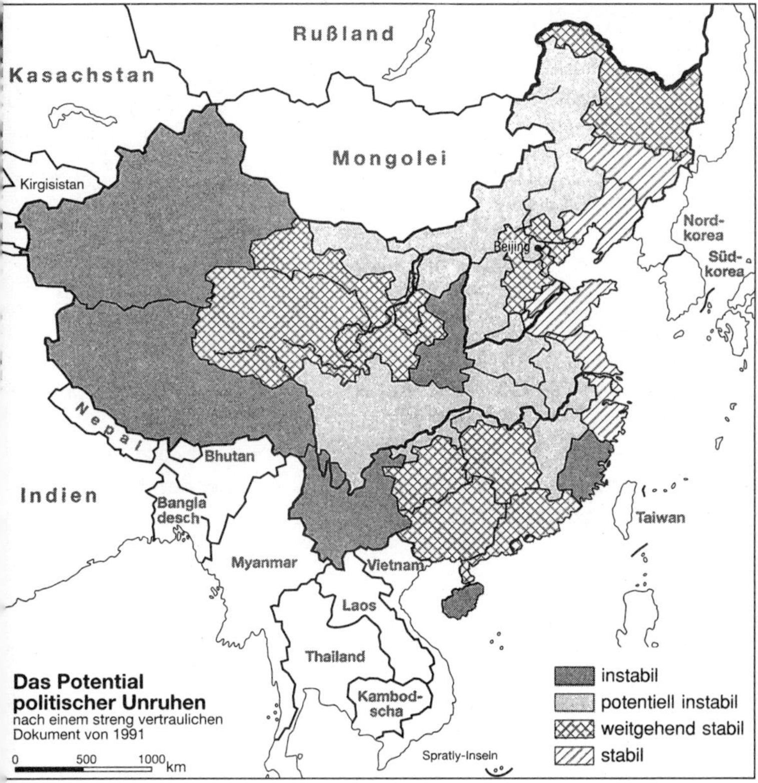

Die endgültige Durchsetzung der Kommunistischen Partei Chinas und ihrer Truppen im Jahre 1949 begründete mit der Proklamation der Volksrepublik am 1. Oktober 1949 die Konsolidierung der Reichseinheit, ohne bis heute die inneren Unruhepotentiale auflösen zu können.

wie die ältere, fordert schon allein deswegen stets von neuem ihre Rekonstruktion, weil sich nur auf diese Weise die politische wie die kulturelle Identität dieses riesigen Flächenstaates bekräftigen lassen. Hierzu tragen freilich auch äußere Faktoren bei, wie der Zusammenhalt und die Chinaorientierung der zahlreichen Überseechinesen sowie die Spannungen und gelegentlichen Angriffe, denen Chinesen insbesondere in Südostasien, wie im Mai 1998 in Indonesien, ausgesetzt sind.

Noch die Auffassung, die Geschichte des neuzeitlichen China beginne mit dem Opiumkrieg und die Zeitgeschichte beginne mit der 4.-Mai-Bewegung 1919, ist eine verständliche und doch zugleich höchst problematische Setzung. Doch auch wenn dem Opiumkrieg längst nicht die traumatisierende Wirkung zukommt wie der Niederlage gegen Japan im Chinesisch-japanischen Krieg (1894/95), auch wenn andererseits die Schilderung des Aufbruchs in die Moderne bereits im 16. Jahrhundert einsetzen könnte, wie in der Darstellung von Jonathan Spence in seinem Werk „Chinas Weg in die Moderne", so ist es doch aus pragmatischen Gründen vertretbar, eine Geschichte des modernen China in der Mitte des 19. Jahrhunderts einzusetzen zu lassen. Seit jener Zeit sucht China sich neu zu formieren und organisiert sich im Dialog und im Austausch mit den Standards anderer Kulturen – und bewahrt doch einige Grundzüge und Eigenheiten, die es nach wie vor so faszinierend sein lassen.

I. Das Ende des Kaiserreiches 1839–1911

1. Der erste Opiumkrieg (1839–1842) und das „Reich des Himmlischen Friedens" (1851–1864)

Bürgerkriege und Bedrohung von außen

Kriege beherrschten China in den letzten zweihundert Jahren. Außer fünf Bürgerkriegen war das „Reich der Mitte" fünf Angriffskriegen ausgesetzt, beginnend mit dem anglo-chinesischen Opiumkrieg (1839–1842) und endend mit der Besetzung von Teilen Chinas durch die Japaner von 1937 bis 1945. Abgesehen von dem Angriff und der Besetzung durch die Japaner waren es die fünf inneren Bürgerkriege, welche die meisten Opfer forderten und erheblich zur Veränderung Chinas beitrugen. Allein zwischen 1900 und 1949 sind nach Schätzungen 19 Millionen chinesische Zivilisten durch politische Verfolgung, 9 Millionen durch Krieg und Revolution und 15 Millionen an den Folgen von Hungersnöten und Naturkatastrophen zugrunde gegangen. Zwischen 1947 und 1987 soll es über 35 Millionen Opfer der kommunistischen Verfolgung und zudem 27 Millionen Hungertote allein während der von Mao Zedong mit der Politik des „Großen Sprungs nach vorn" verursachten Hungerkatastrophen der Jahre 1959 bis 1961 gegeben haben.

Das 19. Jahrhundert war eine Zeit zunehmender Fremdbestimmung. Die innerlich durch wirtschaftliche Schwierigkeiten und Aufstände und durch die infolge der Reichsausdehnung zersplitterten Kräfte geschwächte Dynastie litt seit etwa 1820 an einem insbesondere durch den Opiumhandel verursachten stark defizitären Außenhandel. Als demütigend wurden später vor allem die Verträge mit den imperialistischen Mächten hingestellt, obwohl manche Gruppen in China solche engere Verflechtung mit den westlichen Nationen begrüßten. Dem nach dem ersten Opiumkrieg (1839–1842) aufgezwungenen Vertrag von Nanking (1842) – man spricht von mehreren Opiumkriegen, weil sich die Konstellationen des ersten wiederholten – folgte der Vertrag von Tianjin (1858), sodann die Konventionen von Peking (1860), Zhifu (1876) und Chongqing (1890). Alle diese Verträge waren begleitet von zunehmender Aggressivität der Westmächte und den zumeist scheiternden Bemühungen der Mandschu-Regierung, den Invasoren Einhalt zu gebieten. Dies gelang gelegentlich, wie an den Dagu-Festungsanlagen vor Tianjin, die von den Alliierten im Jahre 1858 problemlos genommen wurden, im folgenden Jahr 1859 dann aber lange umkämpft waren. Brandschatzend marschierten schließlich die Truppen nach Peking und setzten dort 1860 die kaiserliche Sommerresidenz in Brand.

Nach einer Konferenz über die Gebiete Sikkim und Tibet (1893) mußte China 1898 der Abtretung der sogenannten New Territories gegenüber der Insel Hongkong an England zustimmen, die erst 1997 wieder von England an China zurückfielen. Doch stärker noch als durch diese „Ungleichen Verträge" wurde den meisten Chinesen durch die Niederlage Chinas gegenüber Japan im Chinesisch-japanischen Krieg 1894/1895 klar, daß die eigene Überlegenheit nicht mehr bestand. 1897 gelang es dann auch noch dem Deutschen Reich, das gegenüber den anderen Kolonialreichen seine Interessen zu wahren trachtete, sich eines Gebietes auf der Shandong-Halbinsel zu bemächtigen.

Für die chinesisch-westlichen Beziehungen wurde die „Strafexpedition" der westlichen Alliierten gegen den Boxeraufstand, an dessen Ende 1901 China in einem Protokoll dazu verpflichtet wurde, eine Kriegsentschädigung von 450 Millionen Silberdollar zu zahlen, zu einer nachhaltigen Belastung. Die chinesische Währung wurde zumeist in Tael gerechnet (1 Tael = chin. Silberunze; entsprach zu jener Zeit etwa 2/3 US-Dollar; erst 1933 wurde der Tael durch den Silberdollar abgelöst). Auf diese Weise wurden das Opium und das Christentum für die meisten Chinesen zu den Übeln, die beide mit List und Gewalt von den Fremden in China eingeführt worden waren.

Die Bedrängnis, die China selbst für seine Nachbarn bedeutete, blieb im Selbstverständnis häufig unberücksichtigt, wie die Feldzüge nach Ost-Turkestan 1826–29, die Wiedereroberung Xinjiangs durch den General Zuo Zongtang, die Besetzung Tibets 1951 und die Invasion Vietnams 1979. Eine besondere Rolle spielten die Unruhen in Innerasien, in der Mandschurei, der Mongolei, Xinjiang und Tibet. Aber auch die Nordgrenze zu Rußland hin war gefährdet. Während China im 17. Jahrhundert dem Expansionsdrang Rußlands Einhalt geboten und das Amurgebiet im Vertrag von Nertschinsk (1689) gesichert und im 18. Jahrhundert dann weite Teile Innerasiens dem Mandschureich einverleibt hatte, nutzte Rußland im 19. Jahrhundert im Verein mit den europäischen Mächten die Schwäche Chinas und erzwang im Vertrag von Aigun (1858) und im Frieden von Peking (1860) die Abtretung riesiger Gebiete südlich und nordöstlich des Balchaschsees sowie der Gebiete nördlich des Amur und des südlich davon gelegenen, sich entlang des Ussuri bis hin zur Grenze nach Korea und bis zum Pazifik erstreckenden Territoriums. Ein weiteres Vordringen Rußlands in der Mandschurei wurde dann allerdings durch die aufsteigende neue asiatische Großmacht Japan im Jahre 1905 nach dem Sieg Japans über Rußland gestoppt.

Der Opiumkrieg

Der Opiumkrieg war eine Folge der Notwendigkeit für England, den Dreieckshandel zwischen London, Kanton und Indien im Gleichgewicht zu halten. Namentlich die Befriedigung des englischen Teedurstes mußte damit erkauft werden, daß an China im Gegenzug Waren verkauft wurden. Außer Silber und indischer Rohbaumwolle gab es nur eine Ware, die immer gefragter wurde, nämlich Opium. Der in den ersten Jahrzehnten des 19. Jahrhunderts anwachsende Opiumimport führte zu einem Silberabfluß und hatte dann eine Anti-Opium-Kampagne zur Folge, mit der Lin Zexu (1785–1850) betraut wurde. Lin Zexu, einer der erfahrensten Verwaltungsbeamten des Reiches, der sich auf verschiedenen Posten große Verdienste erworben hatte, insbesondere bei Deichbauprojekten und im Finanzwesen, setzte sich 1838 als Generalgouverneur der Zentralprovinzen Hunan und Hubei an die Spitze einer Anti-Opium-Kampagne und ging in seinen Provinzen mit drastischen Mitteln gegen den Opiumhandel vor. Dabei verfolgte er rigoros ein regelrechtes Anti-Drogen-Programm.

Nachdem Lin Zexu Gelegenheit erhalten hatte, seine Positionen dem Kaiser in 19 Besprechungen vorzutragen, wurde er zum Beauftragten für das Opiumwesen ernannt, mit der Untersuchung der Lage in Kanton beauftragt und mit Vollmachten für Zwangsmaßnahmen ausgestattet. Die im März 1839 begonnenen Maßnahmen, mit denen er freilich auch einen großen Teil der Kantoner Kaufleute verprellte, erreichten im Juni ihren Höhepunkt, als Lin Zexu die englischen Händler in Kanton zur Herausgabe ihrer Opiumvorräte zwang. Er ließ 20 000 Kisten Opium verbrennen, drangsalierte die in Kanton ansässigen Engländer, die sich zum Teil nach Macau und später dann auf die Insel Hongkong zurückzogen, und gab damit den Anlaß zur britischen Intervention.

Die von England eingesetzten Truppen fanden die Mandschu-Regierung unvorbereitet; diese war vor allem nicht in der Lage, den Charakter der Politik und das Maß der Verflechtungen der Wirtschaft in Guangdong und Guangxi mit dem Außenhandel richtig einzuschätzen. Daher auch sind die folgenden nach Maßstäben des Völkerrechts durchaus bedenklichen Verträge zwischen China und den Kolonialmächten als „ungleiche Verträge“ bezeichnet worden. Der Vertrag von Nanking vom 29. August 1842 bestimmte die Abtretung der Insel Hongkong an England sowie die Öffnung von fünf Häfen für den Außenhandel. In einem Zusatzvertrag von 1843 wurden England Meistbegünstigungsrechte sowie Exterritorialrechte eingeräumt. Die militärgeschichtliche Bedeutung dieses Opiumkrieges geht über die unmittelbaren Folgen weit hinaus. Denn die militärische Überlegenheit der Engländer, begründet nicht zuletzt durch den Einsatz von Schaufelraddampfern mit geringem Tiefgang, die bis weit in die Flußmündungen hinein manövrierfähig waren, verunsicherte und alarmierte die Qing-Bürokratie und spornte zugleich zu Gegenmaßnahmen an. Eine ausgiebige Beschäftigung mit westlicher Rüstungstechnik und eine Militarisierung waren die Folge, doch ließen die ersten Anstrengungen bald wieder nach.

Der Taiping-Aufstand

Unruhen und Bauernaufstände hatten seit dem ausgehenden 18. Jahrhundert erheblich zugenommen und waren vor allem eine Folge des wachsenden Mißverhältnisses von Bevölkerungszahl und Ackerland. Sie sind aber nicht zu erklären ohne die Unfähigkeit der Politik, auf die internen Spannungen und insbesondere auf den Opiumkrieg zu reagieren, und nicht ohne die religiösen Elemente der Massenmobilisierung. Der Qianlong-Herrscher (reg. 1736–1795) bereits hatte neben seinen „Zehn großen Feldzügen" [wörtl.: „Zehn Vervollkommnungen (der kaiserlichen Herrschaft)"] zur Niederschlagung von Aufständen an den Reichsgrenzen, insbesondere im Nordwesten, den neun Jahre dauernden Aufstand der „Weißen Lotos" (1795–1804) niederzuschlagen begonnen, was endgültig erst seinem Nachfolger, dem Jiaqing-Herrscher (reg. 1796–1820), gelang.

Unter den Hunderten Rebellionen aber nimmt der Taiping-Aufstand (1851–1864) in mehrerlei Hinsicht eine Sonderstellung ein, zumal er als schrecklichster Krieg im 19. Jahrhundert überhaupt gelten kann. In ehemals dichtbesiedelten Gebieten habe man, zeitgenössischen Berichten zufolge, nach den Aufständen tagelang durch verlassene Ortschaften und ein Meer von Leichen gehen können, ohne eine Menschenseele anzutreffen. Fünfzehn Jahre Mordbrennerei und Hungersnot kosteten schätzungsweise 20 Millionen Chinesen das Leben, und es gibt Hinweise darauf, daß auch diese Zahlen noch erheblich zu niedrig sind. Dieser Krieg veränderte China und schuf gänzlich neue Machtverhältnisse. Dazu gehört eine erweiterte Militarisierung Zentralchinas, wo Zeng Guofan (1811–1872), der seit 1853 eine Armee gegen die Taiping-Bewegung organisiert hatte, seine Machtstellung befestigte. Seit 1860 hatte er unbeschränkte Vollmachten erhalten, die es ihm ermöglichten, im Jahre 1861 drei Militärzonen einzurichten, von denen er die eine (Jiangsu) Li Hongzhang (1823–1901), die andere (Zhejiang) Zuo Zongtang (1812–1885) und jene von Anhui sich selbst unterstellte. Vor allem war der Taiping-Aufstand Ausdruck eines religiös-ideologischen und sozialen Prozesses, der auch wegen der Anknüpfung an alte Utopien zunächst so erfolgreich verlief. Ihr Anführer Hong Xiuquan (1813–1864), ein Angehöriger des chinesischen Hakka-Volkes, war eine höchst charismatische Gestalt, die sich als jüngerer Bruder Christi ausgab und eine von christlichen Missionsparolen nicht unwesentlich bestimmte Programmatik verfolgte.

Zur Überwindung der Taiping-Rebellen hatte der General Zeng Guofan Freiwilligenverbände zusammengestellt, und seinem Beispiel war in den östlichen Provinzen Li Hongzhang gefolgt. Unter dem Oberbefehl Zeng Guofans gelang 1864 die Eroberung der Taiping-Hauptstadt Nanking und die anschließende restlose Vernichtung der Aufständischen; vier Jahre später, 1868, erreichte Li zusammen mit dem von ihm geförderten General Zuo Zongtang und mit der von ihm befehligten Huai-Armee die Niederschlagung der Nian-Rebellion (1851–1868), jenes Aufstandes überwiegend verarmter Bauern im Gebiet des Huai-Flusses (Teil Shandongs, Henans, Jiangsus und Anhuis). Alle diese Generäle standen zwar offiziell im Dienste der Mandschu-Dynastie, doch es war die persönliche Loyalität der Truppen ihnen gegenüber, die ihnen eigentlich erst ihre Macht und Schlagkraft verlieh. Mit ihnen begann daher eine Zeit der Machtzersplitterung, bei der einzelne Generäle bzw. Gouverneure Teile des Reiches militärisch kontrollierten, so daß man seit jener Zeit schon von Kriegsherren sprechen kann. Begünstigt durch diese Machtverschiebungen und zudem angeregt durch Ideen aus Europa bildeten sich in der Peripherie des Reiches proto-nationalistische Bewegungen, die dann Anfang des 20. Jahrhunderts zu Autonomiebestrebungen bei den Mongolen und Tibetern – und in begrenztem Umfang auch bei den Mandschuren – führen sollten.

Die Verluste im Zuge der seit 1862 sich ausweitenden großen Muslim-Rebellion in Nordwest-China und deren Niederschlagung im Jahre 1868 standen denen der Taiping-Rebellion nicht viel nach. Manche Berichte sprechen von über 10 Millionen Toten. Und Zuo Zongtang berichtet in einem seiner Berichte an den Thron, nicht mehr als 60 000 der ursprünglichen

700 000 bis 800 000 Muslims in Shaanxi hätten überlebt. Hintergrund war, daß die Vernichtung der Dsungaren im Jahre 1759 zu einer Einwanderungswelle von Muslimen nach Chinesisch-Turkestan geführt hatte. Aber auch andere Gruppen, insbesondere Mongolen, waren auf Betreiben des Qing-Hofes in Nordwestchina angesiedelt worden.

Während die frühen Mandschu-Herrscher sich sehr wohl des Umstandes bewußt gewesen waren, daß sie Herrscher über einen Vielvölkerstaat waren, verblaßte dieses Bewußtsein im Laufe der Zeit, und weniger der geschickte Umgang mit den einzelnen Völkern stand im Vordergrund als die Forderung nach Anpassung an chinesische Standards. Zwar gab es Stimmen, wie die des erwähnten und später als Diplomaten tätigen Li Hongzhang, die einen Rückzug aus diesem eigentlich nichtchinesischen Gebiet befürworteten, doch setzten sich schließlich strategische Überlegungen durch, denen zufolge die Westgrenze Xinjiangs leichter und kostengünstiger zu verteidigen sei, als dies bei einem Rückzug bis in den Gansu-Korridor der Fall wäre. Wortführer dieser Bewegung war der erwähnte Zuo Zongtang, der große Militärführer, der dann 1884 Xinjiang verwaltungsmäßig in eine Provinz überführte und es damit zu einem integralen Teil des Reiches machte.

Die englisch-französische Aggression im sogenannten zweiten Opium- bzw. Arrow-Krieg (1856–1860), der Chinesisch-französische Krieg um Vietnam in den achtziger Jahren, die internationale Intervention gegen den Boxeraufstand von 1900 und, wie bereits erwähnt, der japanische Sieg von 1895 waren Erfahrungen fremder Aggressionen, die sich später dann mit der Mißachtung chinesischer Interessen im Vertrag von Versailles (1919), der japanischen Besetzung der Mandschurei (1931) und deren späteren Massakern an der Zivilbevölkerung sowie mit der Intervention vor allem der Vereinigten Staaten von Amerika (USA) zugunsten der Republikaner unter Chiang Kaishek gegen die Kommunistische Bewegung verknüpften.

„Selbststärkung" und äußere Bedrängnis

Trotz der Verwüstungen, die durch die Taiping-Bewegung und ihre Niederschlagung entstanden, blieb eine gewisse Faszination der Taiping-Ideologie erhalten, so daß sich spätere Revolutionäre, wie etwa Sun Yatsen, selbst durchaus in diese Tradition stellten. Daneben wurden die Errungenschaften des Westens, Eisenbahnen, Zeitungen und Zeitschriften und sonstige industrielle Techniken durchaus als willkommene Mittel angesehen, um die eigene Lage zu bessern. Es prägte also neben religiösen und sozialutopischen Strömungen sowie neben gelegentlichen Armutsrevolten ein „unideologischer Pragmatismus" (R. G. Wagner) die zweite Hälfte des 19. Jahrhunderts in China. So wurden die Zerfallsprozesse, die insbesondere durch die Taiping-Rebellion und durch Muslim-Aufstände zwischen 1850 und 1878 bestimmt wurden, durch eine auf staatliche „Selbststärkung" ausgerichtete Restaurationspolitik während der Tongzhi-Ära (1862–1875) etwas gemildert. Die seit 1862 propagierte Selbststärkungsbewegung (*ziqiang*) zeigte erste Wirkungen. Doch die inneren Konflikte zwischen den ultrakonservativen Patrioten des Nordens und den eher pragmatisch gesonnenen Politikern des Südens ließen sich ebensowenig ausgleichen, wie die Armut auf dem Lande ohne eine Landreform nicht zu überwinden war.

In den letzten drei Jahrzehnten des 19. Jahrhunderts schien sich die Mandschu-Dynastie zu erholen. Westliche Ideen gelangten nach China, und eine Reihe von Übersetzungen westlicher Werke erschien in Chinesisch, deren Einfluß auf die akademische Jugend kaum zu überschätzen ist. Unter der Ägide des für sein kluges politisches Handeln auch von den imperialistischen Mächten hoch geschätzten Prinzen Gong wurde erstmals 1861 ein Außenministerium eingerichtet, das Zongli Yamen, dem eine Dolmetscherschule angegliedert wurde. Besondere Dynamik entfalteten verständlicherweise die Armeen, die an westlicher Waffentechnik interessiert waren und insbesondere in den Küstenprovinzen den Anschluß suchten. In Shanghai wurde der militärisch-industrielle Komplex des sog.

Jiangnan-Arsenals zu einem Zentrum der Schwerindustrie, und in Fuzhou gründete der General Zuo Zongtang eine moderne Schiffswerft. Solche unter dem Schlagwort „Selbststärkung" auftretenden Unternehmungen wurden vor allem durch das Vorbild der nach der Meiji-Ära (1868–1912) benannten Meiji-Reform in Japan angeregt. 1880 wurde der Bau der ersten chinesischen Eisenbahnlinie begonnen, und die Voraussetzungen für weitere Prosperität waren nicht ungünstig. Zugleich stand China jedoch unter einem enormen äußeren Druck, der auch dazu führte, daß Tausende von Chinesen ihr Heil in der Auswanderung suchten, vor allem nach Südostasien und nach Amerika, auch wenn viele dort auch nur die Chance erhielten, als billige Arbeitskräfte, als Kulis, ihr Leben zu fristen.

Trotz mancher einvernehmlicher Regelungen von Grenzfragen – wie etwa im Vertrag von St. Petersburg 1882, bei dem China das 1871 von Rußland besetzte Ili-Gebiet zurückerhielt, wenn auch gegen eine Entschädigung von 9 Millionen Tael – geriet China gegenüber den äußeren Mächten immer stärker in die Defensive. Bedrängt wurde es zunehmend auch von Japan. Bereits 1881 sah sich China gezwungen, die Besetzung der Ryukyu-Inseln, darunter Okinawa, durch Japan anzuerkennen. Im Chinesisch-französischen Krieg 1884/85 fiel schließlich Annam, das spätere Vietnam, an Frankreich; 1887 wurde Macau an Portugal abgetreten. Die innere Militarisierung, wie etwa die Aufstellung der modernen Beiyang-Armee seit 1888, verschlang wichtige Ressourcen, verhinderte aber doch nicht weitere Niederlagen, unter denen die im Chinesisch-japanischen Krieg 1894/95 als besonders demütigend empfunden wurde. Im Vertrag von Shimonoseki, der zu einem Aufschrei unter den jungen Intellektuellen Chinas führte, wurde die Qing-Dynastie verpflichtet, neben anderen Zugeständnissen 200 Millionen Silbertael zu bezahlen, ein erdrückender Betrag, wenn man bedenkt, daß sich die gesamten Staatseinnahmen nur auf jährlich 90 Millionen Tael beliefen.

China wurde zunehmend von ausländischen Krediten abhängig. Namentlich der Eisenbahnbau und die Industrialisierung der Hafen- und Küstenstädte wurden von fremden

Mächten betrieben. Entsprechende Privilegien hatte sich auch Deutschland in dem Vertrag zur Absicherung seiner Interessen nach der Besetzung der Jiaozhou-Bucht durch deutsche Truppen im Jahre 1897 einräumen lassen. Zu diesen Privilegien zählte das Ausbeutungsmonopol für Rohstoffe entlang der Bahnlinie, wobei Eisen und Kohle im Vordergrund des Interesses standen. Rußland pachtete Dalian (Dairen) und Port Arthur (Lüshun) und begann den Bau der Transsibirischen Eisenbahn. England erwirkte 1898 Konzessionen zum Bau der Peking-Hankou-Eisenbahn; Frankreich versicherte sich Südost-Chinas und erhielt die Konzession zum Bau der Indochina-Bahn.

Der Druck von außen war freilich auch förderlich; so wirkte westlicher Einfluß besonders stark im Erziehungswesen, in jenem traditionellen Kernbereich der Reproduktion der chinesischen Kultur, den nun auch die Buddhisten ebenso wie die christlichen Missionen zu besetzen trachteten. Nach dem Ende des Taiping-Aufstandes, während der Tongzhi-Periode (1862–1874), waren Kadettenschulen und Militärakademien westlichen Typs in den Küstenstädten sowie Sprach- und Übersetzerschulen in Peking und Nanking eingerichtet worden. Die begabteren jungen Studenten strebten seit der 1862 propagierten „Selbststärkung" zu einem Studium ins Ausland, nach England, Amerika oder Frankreich und Deutschland, später dann auch nach Japan. Viele suchten nicht ihr eigenes Glück, sondern wollten sich in nationalistischem Überschwang die zur Erneuerung Chinas nötigen Kenntnisse aneignen.

Anfänge einer Industrialisierung

Ein Problem bei den Gründungen von Fabriken und bei den Infrastrukturmaßnahmen war die Beschaffung des nötigen Kapitals, wobei erhebliche Schwierigkeiten dadurch verursacht wurden, daß für alle solche Unternehmungen die rechtlichen Grundlagen fehlten. So gab es weder ein praktikables Handelsrecht, noch ein Aktienrecht, noch sonstige Regelungen zur Berechenbarkeit von Risiko und zur Risikobegrenzung. Wenn zu einzelnen großen Projekten nicht die Zentralregierung die Mittel bereitstellte, blieb nur noch die Zuflucht zu internationalen Kapitalmärkten. Unter dem Schlagwort „staatliche Aufsicht – kaufmännische Unternehmensführung" (*guandu shangban*) kam es zwar zu einigen staatswirtschaftlichen Unternehmungen, beispielsweise zu der 1872 gegründeten und von dem tüchtigen Unternehmer Sheng Xuanhuai (1844–1916) geleiteten „China Merchants' Steam Navigation Company", der Kohlenmine Kaiping bei Tianjin (gegr. 1876), der Shanghaier Baumwollmühle (gegr. 1878). Doch wichtiger wurden die ausländischen Investitionen, die zugleich Einfluß und Kontrolle ausländischer Mächte sicherten. Dies war, wie erwähnt, insbesondere beim Eisenbahnbau der Fall. Dabei sicherten sich die ausländischen Investoren Sonderrechte zur Ausbeutung von Bodenschätzen entlang der Bahnlinien. Aber nicht nur Bodenschätze, vor allem Eisenerz, Kohle und Rohöl, Verkehrswege und Schiffahrtslinien wurden zur Beute ausländischer Unternehmen, sondern diese bemächtigten sich auch der Leichtindustrie und des Dienstleistungssektors, wie beispielsweise die international agierende, lange Zeit im Opiumhandel engagierte englische Firma Jardine & Matheson, die neben der Vermarktung von Tee, Seide und Baumwolle auch Bier braute, Lagergeschäfte betrieb und in das Versicherungs- und Kreditwesen einstieg. Sogar die kaiserliche Zollverwaltung wurde seit 1858 von Ausländern übernommen. Die Seezollverwaltung, deren langjähriger Leiter Robert Hart einer der einflußreichsten Europäer in China wurde, erwirtschaftete erhebliche Einnahmen für den Staat und förderte die Selbststärkungsbewegung, doch versäumte sie es auf längere Sicht, die junge einheimische Industrie vor Importwaren zu schützen, so daß ausländische Produkte die noch nicht konkurrenzfähigen inländischen Produzenten verdrängte.

2. Konstitutionalismus und politische Neuansätze

Spannungen innerhalb der konfuzianischen Staatslehre hatten in den letzten Jahrhunderten des Kaiserreiches auf neue Lösungen hingedrängt, doch erst die Konfrontation mit westlichen Ideen brachte einen neuen Schub. Und gerade weil viele dieser Ideen und Vorstellungen isoliert Eingang fanden, haben sie sich im einzelnen oft derart schnell mit eigenem chinesischem Denken vermischt, daß sie dann sehr rasch gar nicht mehr als ursprünglich aus dem Ausland übernommene Ideen und Vorstellungen wahrnehmbar waren. Dies hängt natürlich auch damit zusammen, daß die westlichen Werke ins Chinesische übersetzt werden mußten und daher dann nur noch in chinesischem Gewand erschienen. Bei der Vermittlung neuer Ideen spielten neben den Missionaren bald auch Kaufleute eine Rolle, wie Ernest Major, jener Londoner Kaufmann, der 1860 nach China gekommen war und im Jahre 1872 in Shanghai eine chinesische Zeitung gründete, die „Shenbao", die zum wichtigsten chinesischen Blatt in den folgenden Jahrzehnten wurde, das sich zudem selbst finanzierte und sogar mit Gewinn verlegt wurde. Um ein tieferes und umfassenderes Verständnis der westlichen Kultur bemühten sich die Angehörigen der politischen Klasse jedoch erst nach der als Schmach empfundenen Niederlage im Chinesisch-japanischen Krieg im Jahre 1895. Dieser Anstoß von außen wurde zum bestimmenden Element und bewirkte, daß das ganze 20. Jahrhundert hindurch jedem Chinesen vor allem anderen an der Rehabilitierung seines Landes gelegen war. Es wurden nicht nur westliche Autoren und Theoretiker in Übersetzung oder auszugsweise vorgestellt, sondern es wurden auch eigene Reformvorstellungen und Erneuerungsprogramme formuliert und propagiert. Dabei wurden viele der Ordnungsbegriffe wie „Nation", „Staat" und „Gesellschaft" aus Japan entlehnt, wo sie als Übersetzungsbegriffe mit chinesischen Zeichen, den Kanji, gebildet worden waren.

Es stand die Zukunftsfähigkeit der chinesischen Kultur zur Debatte, und in diesem Zusammenhang wurden Modelle von Herrschaft diskutiert. Allen chinesischen Modernisierungsbestrebungen seit der sogenannten „Selbststärkungsbewegung" im späten 19. Jahrhundert bis heute ist gemeinsam, daß sie die Modernisierung Chinas als eine Frage der Kultur behandeln.

Zwar wurde von vielen die Auffassung vertreten, aus dem Westen sollte man nur Technik und Wissenschaft (*yong*) übernehmen, in der Substanz (*ti*) aber doch chinesisch bleiben, doch sahen auch die Vertreter dieser These in der traditionellen Bildung und Sozialverfassung, kurz: im Konfuzianismus ein Hindernis für die Modernisierung. Das Selbstverständnis der Literaten in den letzten Jahrhunderten des Kaiserreiches war also bereits einem erheblichen Wandel unterworfen gewesen.

Es gab eine lange Tradition des Protestes und der Entwicklung neuer politischer Ansätze. Seit der ausgehenden Ming-Zeit, im späten 16. und im 17. Jahrhundert, hatte sich eine Tradition von Dissensbildung und Gewinnung autonomer Positionen gegenüber der Dynastie herausgebildet. Die Debatte über Vor- und Nachteile des feudalen Systems (*fengjian*) gegenüber dem bürokratisch-zentralistischen System (*junxian*) des Einheitsstaates, die so alt ist wie der chinesische Einheitsstaat, war im 17. Jahrhundert neu entfacht worden. Dabei hatten so herausragende Denker wie Gu Yanwu (1613–1682) für den Versuch plädiert, die positiven Elemente des *fengjian*-Systems in das zentralistische bürokratische Modell zu integrieren. Die Beschwörung der vorbildlichen Herrscher des Altertums Yao, Shun und Yu, jener Epoche, in der es noch keinen zentralistischen Staat gab und die als *fengjian*-Periode gilt, gehört in diesen Zusammenhang. Andere favorisierten eine Mischung aus beiden Systemen. Der damit verbundene Diskurs griff die alte Debatte über zentralistische (*junxian*) bzw. feudale und dezentrale Verwaltungsorganisation (*fengjian*) auf und zielte nun nicht mehr auf die Zerschlagung des Kaiserreiches, sondern auf die Partizipation an der Machtausübung bzw. der Begrenzung und Eindämmung der Macht der Zentralregierung. Andererseits suchten manche, wie etwa Liang Qichao (1873–1929), in den letzten Jahren des 19. Jahrhunderts, gerade angesichts der Bedrohung durch die europäischen Mächte, eine Verbindung lokaler Autonomie mit westlichen Rechtstraditionen und proklamierten „basisdemokratische“ Strukturen. Damit glaubten sie, auch Perioden staatlicher Schwäche und eventuell sogar der Zersplitterung überstehen und eine Modernisierung einleiten zu können. Später glaubten einige, in dieser Tradition bereits „Sprossen des Parlamentarismus“ erkennen zu können.

Auch wenn die in der Zeit der Jahrhundertwende gehandelte Vielfalt von Ideen und Vorstellungen höchst unübersichtlich ist, so läßt sich doch in der Gestalt Liang Qichaos der Wandel von einer evolutionistischen, eine vereinigte Menschheit vorausahnenden Geschichtskonzeption zur Favorisierung eines Nationalstaatsgedankens mit darwinistischen Zügen erkennen. Dabei war die Zentrale gar nicht stark, sondern es gab nur den Diskurs vom starken Staat, wie ja auch heute die Zentralregierung Mühe hat, ihre Steuerquote zu sichern, woraus die mangelnde Souveränität der Zentralregierung gegenüber den Provinzen und letztlich auch gegenüber den einzelnen Staatsbürgern resultieren mag. Bemerkenswert ist aber, daß sich anarchistische Strömungen nicht wirklich durchsetzen konnten, auch wenn sie zeitweise viele Bewunderer fanden. Auch wenn sich Verbindungslinien zu alten daoistischen Traditionen ziehen lassen, blieb der Anarchismus trotz der Verehrung, die Gestalten wie Bakunin und Kropotkin genossen, eine Nebenströmung.

Bei der Debatte des Jahres 1872, bei der es um die Frage ging, ob sich China auf seine 18 Provinzen beschränken oder auch die Randzonen, namentlich Xinjiang, als Bestandteil des Reiches ansehen solle, bezog die Mehrheit den Standpunkt, daß diese Randzonen zur Bewahrung des eigentlichen China, d.h. der „18 Provinzen“, ein Teil Chinas sein sollten. So korrespondiert diese Vorstellung eines China ohne wirkliche Außengrenzen mit den Vorstellungen der Reformer von 1898, die von einer weltumspannenden Menschheitsvereinigung träumten. Bezeichnenderweise galt auch gegenüber Japan keine solche Grenze, sondern die Wahrnehmung Japans durch viele Intellektuelle jener Zeit geschah im Zeichen chinesischer Weltwahrnehmung, weswegen der Aufstieg Japans und die Niederlage im Chinesisch-japanischen Krieg von 1894/1895 das chinesische Selbstvertrauen so heftig erschütterten.

In dem Sieg der konstitutionellen Monarchie Japan gegen

das zaristische Rußland in den Jahren 1904/05 sahen die Konstitutionalisten in China eine Bestätigung ihrer Vorstellung. An der Spitze dieser konstitutionalistischen Bewegung standen die noch traditionell ausgebildeten Intellektuellen Kang Youwei (1858–1927) und Liang Qichao. Stärker aber wurden antimonarchistische und republikanische Optionen favorisiert, auch wenn das mandschurische Kaiserhaus, namentlich in den Jahrzehnten unter der Kaiserinwitwe Cixi, von sich aus einige Reformen, darunter eine Verfassungsreform, auf den Weg brachte. Diese antimonarchistische Strömung wurde vor allem von denjenigen jungen Intellektuellen geteilt, die im westlichen Ausland Erfahrungen gesammelt hatten. An deren Spitze stellte sich bald Sun Yixian (1866–1925), besser bekannt als Sun Yatsen. Auch revolutionäre Bewegungen in anderen asiatischen Ländern wurden aufmerksam registriert und spornten die chinesischen Revolutionäre an. So beeinflußte die Verbindung mit Mariano Ponce, dem offiziellen Repräsentanten der Philippinischen Revolutionsregierung, die allerdings 1902 scheiterte, Sun Yatsen und andere Revolutionäre in ihren Plänen.

Auch noch nach dem Scheitern der Hundert-Tage-Reform von 1898, jenes kurzlebigen Versuchs, die politischen Vorstellungen Kang Youweis zu realisieren, blieb der Begriff „Selbstverwaltung" bzw. „selbstverwaltet" (*zizhi*) häufig gebrauchter Begriffsbestandteil. Programmatische Artikel erschienen in den führenden politischen Zeitschriften wie in der von Liang Qichao in Yokohama herausgegebenen *Xinmin congbao* („Journal des Neuen Bürgers"). Die Dynastie selbst suchte seit der Jahrhundertwende das Prinzip lokaler Selbstverwaltung zu verankern, und die Bereitschaft dazu war übergroß, so daß nicht erst, wie geplant, in den Jahren 1912–1914 in allen Landkreisen Wahlen stattfanden. Nach dem Zusammenbruch der Qing-Dynastie waren die Städte zumeist in den Händen der Handelskammern und der Gilden, die seit dem Taiping-Aufstand eine wichtige Stellung innegehabt hatten. Die städtische Händlerschicht war die neue urbane Elite. Die Intellektuellen waren eher eine Randerscheinung, doch blieben sie diejenige Kraft, die in Zeiten politisch-ideologischen Orientierungsbedürfnisses weiterhin eine zentrale Rolle spielen sollte. Auch wenn es nicht durchgängig gelungen war, die verschiedenen lokalen, regionalen und professionellen Organisationen in den politischen Prozeß zu integrieren, so hatten sich doch bereits im Oktober 1911 etwa 5 000 Parlamente in ganz China konstituiert, die dann erst von dem Präsidenten der Republik, Yuan Shikai, im Frühjahr 1914 aufgelöst bzw. für ungültig erklärt wurden. Damit war der erste große Versuch lokaler Selbstverwaltung nach demokratischen Prinzipien gescheitert.

3. Soziale Veränderungen und neue Öffentlichkeiten

Nationalismus

Alle Ansätze zur Ausbildung einer Beteiligung breiterer Bevölkerungskreise am politischen Prozeß wurden jedoch durch die allmähliche Durchsetzung des Nationalstaatsgedankens konterkariert und im Zuge der Abwehrkämpfe gegen Japan und später dann der Durchsetzung der Herrschaft durch die Kommunistische Partei vollends zerstört. Dabei spielte nicht nur der westliche Einfluß, sondern auch das japanische Modell der Meiji-Reform eine große Rolle. Nach dem Boxeraufstand und den demütigenden Bedingungen des Boxer-Protokolls schien den meisten Modernisierung und Nationalstaatsbildung gleichbedeutend zu sein. Obwohl der Nationalstaatsgedanke allgemein als die prägende Vorstellung im chinesischen Revolutionsprozeß des 20. Jahrhunderts angesehen wird, bleibt gleichwohl bis heute der Nationsgedanke vage, und gegenüber der Vorstellung einer chinesischen kulturellen Einheit bleibt weiterhin unklar, ob von einer chinesischen Nation oder nicht doch von verschiedenen Nationen gesprochen werden muß, zumal sich China als Vielvölkerstaat begreift.

Die vier Jahrzehnte zwischen den Aufständen in der Mitte des 19. Jahrhunderts und dem Zusammenbruch der Qing-Dynastie waren eine Periode der „Transformation innerhalb der chinesischen Gesellschaft“. Insbesondere die Zeit zwischen 1895 und 1908 wurde auch von vielen Zeitgenossen in China als eine Zeit beschleunigten Umbruchs betrachtet. Neue Typen von Menschen traten auf den Plan und behinderten bzw. durchkreuzten das Planen und Handeln der alten Elite. Doch ist die Zurechnung der Intentionen nicht immer leicht zu treffen. Während viele Revolutionäre aus dem Süden durchaus nach Neuem strebten, war die Funktion der Boxer im Norden nicht nur auf eine Reduktion der Präsenz westlicher Missionare gerichtet, sondern führte zu einer generellen Isolation der am Westen orientierten Reformkräfte. Die mächtigen Händler mit ausländischen Beziehungen, die Kompradoren, waren an ihren Handelsinteressen, aber nicht an einer allgemeinen Erneuerung interessiert. Diese Veränderungen zeigten sich bei der Elite viel deutlicher als bei der Masse der Bevölkerung. Nicht mehr nur Gelehrte in ihrem blauen Gewand, sondern Geschäftsleute im englischen Anzug zeigten sich auf den Straßen der Küstenmetropolen.

Nicht zu unterschätzen ist die neue systematische Ausbildung der Militärs, zum Teil nach westlichem Vorbild und mit Hilfe französischer und englischer Militärberater. Die Angliederung einer Kadettenanstalt an das Fuzhou-Arsenal im Jahre 1867 sei hier als Beispiel genannt. Die Marineausbildung bildete jedenfalls eine Vorreiterrolle; zahlreiche junge Kadetten absolvierten in den siebziger und frühen achtziger Jahren des 19. Jahrhunderts zudem eine Zusatzausbildung in Frankreich und England. Bereits im Jahre 1872 hatte Li Hongzhang Armeeoffiziere zur Ausbildung nach Deutschland geschickt.

Westorientierung der Intellektuellen

Mit den Westkontakten bildeten sich auch neue soziale Kategorien innerhalb der Oberschicht, die sich nicht nur auf das Militär beschränkten. Dolmetscher und Sprachkundige erhielten eine neue Bedeutung, da sie als Unterhändler gebraucht wurden. Solche Experten fanden sich überall dort, wo mit westlichen Mächten zu verhandeln war. Die größte dieser Gruppen war – in den Jahren 1870–1895 – bei dem für die Handelsregulierung in den nördlichen Häfen beauftragten Li

Hongzhang angesiedelt. Andere Experten zog das Zongli-Yamen, das 1861 neu gegründete Außenministerium, an sich, und in Kanton hatte sich um Zhang Zhidong eine Expertengruppe gebildet, die er 1889 mit nach Wuchang nahm. Zwischen diesen Gruppen gab es gelegentlichen personellen Austausch. Der Gruppe dieser Experten sind solch klingende Namen zuzurechnen wie der von Gu Hongming (1857–1928). Diese Männer waren auch für die Einrichtung von Unternehmungen nach westlichem Vorbild sowie zum Teil für die Planung und erste Durchführung des Eisenbahnbaus verantwortlich.

Exemplarisch für die westlich orientierte Intelligenz ist Wang Tao (1828–1897), der als Journalist ganz von seiner Schriftstellerei lebte. Der gleichen Gruppe sind auch Liang Qichao und der Übersetzer Yan Fu (1854–1921) zuzurechnen sowie zahlreiche Rechtsanwälte und Ärzte. Die Mehrzahl von ihnen lebte relativ bescheiden und ohne groß beachtet zu werden. Zu dieser neuen Intelligenz gehörte auch der in der chinesischen Gesellschaft bis dahin unbekannte Typus des Berufspolitikers wie auch der des Berufsrevolutionärs, verkörpert durch Gestalten wie Sun Yatsen. Diese neue Intelligenz trat an, das Alte abzulegen und das Neue zu suchen.

Die sogenannten Kompradoren hatten nach der Abschaffung der lange Zeit den seewärtigen Außenhandel monopolisierenden Cohong-Gilde insbesondere in der Gegend von Kanton eine wesentliche Funktion im Außenhandel übernommen. 1854 gab es etwa 250, 1870 etwa 700, 1900 etwa 20 000 Kompradoren. Diese Kompradoren waren entscheidend bei der Einrichtung neuer Unternehmungen, vor allem aber bei der Beschaffung des Kapitals. Ende des 19. Jahrhunderts wandten sich die Kompradoren zunehmend eigenen, von den westlichen Unternehmungen unabhängigen Geschäften zu. Kulturell bildete diese Gruppe eine Amalgamierung zwischen westlichem und chinesischem Gehabe, und in ihren Kreisen ist das aufgekommen, was dann als *Pidgin*-English bekannt wurde. Neben den Händlern öffneten sich in besonders starkem Maße exportorientierte Unternehmer dem Ausland und verhielten sich gegenüber allem Fremden sehr aufgeschlossen.

Die Hundert-Tage-Reform von 1898

Im Kontext der Selbststärkungsbewegung sind auch Bestrebungen eines reformistischen Konfuzianismus zu sehen, repräsentiert durch Kang Youwei, der nach der Niederlage gegenüber Japan im Jahre 1895 sich mit einer Anzahl Gleichgesinnter in Peking zusammengeschlossen und in der Folgezeit einige Denkschriften verfaßt hatte. Doch erst eine Denkschrift von 1897, die er mit etwa sechshundert Unterschriften am Kaiserhof einreichte und die im ganzen Land Verbreitung fand, fand Aufmerksamkeit bei Hofe. So wurde der Guangxu-Kaiser, der, 1887 mündig geworden, seit 1889 regierte, seit 1898 aber wieder ausgeschaltet war und 1908 starb, auf Kang Youwei und seine Freunde aufmerksam, die er zu seinen Ratgebern machte und die zu Initiatoren einer Reformbewegung wurden. Nachdem er am 11. Juni 1898 seine neue Politik verkündet hatte und verschiedenste Reformmaßnahmen eingeleitet worden waren, zeigte sich bald schon Widerstand, so daß im September 1898 der General Yuan Shikai (1859–1916), der in Tianjin ein Armeekorps nach westlichem Vorbild aufbaute und den Eindruck erweckte, mit dem Reformlager zu sympathisieren, hinzugezogen wurde. Dieser ließ aber die Pläne der Reformer durchsickern, so daß die konservativen Kräfte am Hof, angeführt von hochrangigen Mandschu-Prinzen, zum Schlag ausholten. In der Nacht vom 21. September kehrte die Kaiserinwitwe Cixi nach Peking zurück und ließ den Guangxu-Kaiser festnehmen. Während Kang Youwei fliehen konnte, wurden einige seiner Mitstreiter festgenommen und hingerichtet, darunter der durch seine philosophische Schrift „Die Lehre von der Menschlichkeit“ (*Renxue*) bekannte Tan Sitong (1865–1898), der zum Märtyrer der Reform wurde. Obwohl die Reformbewegung von 1898 nur „hundert Tage“ währte und schließlich scheiterte, wirkten ihre Ideen doch weiter. Als eine der mittelbaren Folgen jener Reformbewegung ist die Abschaffung des traditionellen Prüfungswesens im Jahre 1905 anzusehen. Doch die eigentlichen Veränderungen traten erst am Ende des ersten Jahrzehnts des 20. Jahrhunderts ans Tageslicht, als mit der Revolution von 1911 und der Abdankung des letzten chinesischen Kaisers eine neue Periode einsetzte.

Der Fortbestand der neuen Schichten wurde gesichert durch moderne Schulen: 1907 gab es 35787 moderne Schulen westlichen Typs mit 1 Mio. Schülern; 1912 waren es 87272 Schulen mit 2,9 Mio. Schülern. Fast wichtiger aber noch als die Schulen wurden private Studiengesellschaften (*xuehui*). Aus solchen Vereinigungen ging ein großer Teil der politischen Aktionen hervor. Die 1909 gewählten Provinzversammlungen sind bereits ein Spiegel dieser Entwicklungen. Bei all diesen Veränderungen unter westlichem Einfluß konnte es jedoch nicht ausbleiben, daß es zu Spannungen innerhalb der Schicht der Gebildeten kam.

Interessen der Kolonialmächte

Daß das Gewaltmonopol des Staates schon lange nicht mehr bestanden hatte, wurde auch in den Übergriffen gegenüber Vertretern ausländischer Staaten deutlich. So waren etwa bei Unruhen in Tianjin im Jahre 1870 der französische Konsul und etliche Missionsschwestern von einem aufgebrachten Mob massakriert worden. Dafür wurde die Regierung zur Rechenschaft gezogen und mußte Schadenersatz leisten, der zum Teil in Geld, zum Teil in der Abtretung von Souveränitätsrechten bestand. Im Jahre 1871 waren die Rechte auf die Ryukyu-Inseln an Japan abgetreten worden. Nach einer ersten Niederlage Frankreichs im Jahre 1884, das seine Gebietsansprüche in Vietnam bis nach Hanoi ausgedehnt hatte, führte der Gegenschlag Frankreichs zur Zerschlagung der gesamten chinesischen Südflotte und der Zerstörung der Arsenale in Fuzhou. Zehn Jahre später, in den Jahren 1894–95, wurde die chinesische Marine von einer kleineren Anzahl japanischer Schiffe versenkt, und die chinesischen Truppen wurden aus Korea und aus der Mandschurei vertrieben, eine Demütigung Chinas, die im Frieden von Shimonoseki festgeschrieben wurde. Nur weil andere Mächte gegen eine solche Ausdehnung japanischer Macht waren, darunter Rußland, Frankreich und Deutschland, hatte sich Japan auf deren Druck hin zunächst wieder zurückgezogen.

Das Interesse der westlichen Kolonialmächte einschließlich Rußlands sowie dann auch Japans an China war seit der Mitte des 19. Jahrhunderts gewachsen, und von manchen Ländern wurde die Aufteilung Chinas in Interessensphären als unvermeidlich betrachtet, wobei jeder der Staaten aus jeweils unterschiedlichen Interessenlagen heraus eigene Ambitionen verfolgte. Doch gab es auch einige Nationen, die sich gegen eine Zersplitterung Chinas wandten, allen voran die USA, die vor allem an einem offenen Markt interessiert waren. Entsprechend wandte sich der amerikanische Außenminister John Hay mit seiner „Open Door Note" vom September 1899 an England, Deutschland und Rußland mit der Aufforderung, keinerlei Handelshindernisse in ihren jeweiligen Einflußgebieten zu errichten.

China erlebte zum Teil ein „Jahrhundert der Demütigungen" (Oskar Weggel), und dies forderte als wesentliche Grundhaltung chinesischer Außenpolitik einen Anti-Hegemonismus und eine Souveränitätsbesessenheit, die auf „scharfkantige Freund- und Feindbilder" angewiesen war und für die Liang Qichao das Wachhalten des Gefühls der „nationalen Schande" (*guochi*) forderte. Daneben aber gab es die große Begeisterung für den Westen und eine beispiellose Empfänglichkeit für alles von dort kommende Neue. Zugleich gilt, daß auf der Grundlage chinesischer Weltbildkonstruktionen kein Abgrenzungs-, sondern ein Beziehungsdenken vorherrscht und daß es, in der Formulierung von Oskar Weggel, „im kaiserlichen China keine Außenpolitik im formellen Sinne zu geben pflegte und daß Diplomatie und ‚Völkerrecht' sowie die Vorstellungen von festen Außengrenzen und ‚nationalen Interessen' überflüssig waren."

4. Der Boxeraufstand und die Revolution von 1911

Nach dem Scheitern der Reform von 1898 gingen die Veränderungsprozesse weiter. 1905 wurde sogar eine Verfassungsreform angestrebt, so daß es nicht ausgeschlossen erscheint, daß sich die Dynastie von innen heraus hätte ändern können. Dies bestätigten einige derjenigen Reformvorschläge, die mit dem Anspruch vorgetragen wurden, die Dynastie retten zu wollen, wie die zur Abschaffung des traditionellen Prüfungswesens, die dann im Jahre 1905 verwirklicht wurde. Mit der Aufgabe dieses Mittels zur Rekrutierung der Staatsdiener wurde zugleich deutlich, daß es keinen Konsens über die Elitebildung mehr gab. Es war gleichwohl offen, ob es zu einem Scheitern der Mandschu-Herrscher oder zu einer Erneuerung von Innen kommen könnte. Die in den letzten Jahren der Dynastie von der Kaiserin Cixi entgegen ihrer jahrelangen Reformfeindlichkeit selbst noch beförderten Reformen hatten den Zusammenbruch dann aber nicht mehr abwenden können, zumal sich auswärtige Mächte bereits um ihren Einfluß auf Teile Chinas stritten und teilweise schon verständigten.

Der Boxeraufstand

Wie zerrüttet das Reich war, zeigen die Ereignisse um den Boxeraufstand, bei dem die Folgen von Naturkatastrophen und Hungersnöten im letzten Jahrzehnt des 19. Jahrhunderts sowie die Rücksichtslosigkeit der europäischen Mächte und insbesondere ihrer Kolonialtruppen zusammenwirkten. Milizen und irreguläre Truppen hatten immer stärkeren Zulauf aus Kreisen der bäuerlichen Bevölkerung erhalten, insbesondere in der schwer von Armut und Kolonialinteressen betroffenen Provinz Shandong. Die Stimmung der Truppen, die unter dem Namen „Fäuste für Gerechtigkeit und sozialen Frieden" (*Yihequan*) auftraten, war zunächst vor allem gegen die Mandschu-Regierung gerichtet. Doch bald setzte sich eine allgemeine Ausländerfeindlichkeit durch, die in der Parole „Unterstütze die Qing und zerstöre die Ausländer" gipfelte. Mit dieser Mobilisierung zumeist nur lose organisierter kampfbereiter Massen verband sich bei manchen die Hoffnung, auf diese Weise die Ausländer, darunter auch die Missionare, vollständig aus dem Lande jagen zu können.

Als dann die Boxer im Juni des Jahres 1900 Peking weitgehend kontrollierten, das Botschaftsviertel belagerten und am 19. Juni die Qing-Regierung alle Ausländer zum Verlassen Pekings aufforderte und am 20. Juni der deutsche Baron Clemens von Ketteler erschossen wurde, sahen sich die ausländischen Mächte, die am 17. Juni die Dagu-Festungsanlagen vor Tianjin genommen hatten, zum Handeln gezwungen. Entsatztruppen der Alliierten England, Deutschland, Frankreich, Österreich-Ungarn, Italien, Rußland und der USA sowie ein starkes Kontingent aus Japan beendeten am 15. August die Belagerung in Peking. Im Lande verloren viele Missionare (etwa 200) und Tausende zum Christentum konvertierter Chinesen (Schätzungen nennen 20 000) ihr Leben durch den marodierenden Mob, der nach der Kriegserklärung der Qing-Regierung am 21. Juni 1900 teilweise Kombattantenstatus hatte. Diese Legitimierung der Boxer führte zu einer erheblichen Ausweitung der Aufstandsbewegung.

Eine der Folgen des Boxeraufstandes war, daß seither die ausländischen Mächte nicht mehr glauben konnten, daß China durch eine fremde Macht beherrschbar sei. Als geschickter Diplomat erwies sich Li Hongzhang (1823–1901), der das Eingreifen der Alliierten in eine Unterstützung der Mandschu-Regierung gegen Rebellen umdeutete und so die Dynastie und die nominelle Einheit des Reiches noch einmal rettete. Das Boxer-Protokoll erlegte China dann jedoch erdrückende Lasten auf, darunter etwa die Wiedergutmachungssumme von 450 Millionen Tael.

Die Verhältnisse waren und entwickelten sich regional sehr unterschiedlich. Nachdem wenige Jahre später im Friedensvertrag zwischen Rußland und Japan (5. September 1905) an letzteres alle russischen Interessen an Korea, der größte Teil der Südmandschurischen Eisenbahn sowie Dairen, Port Arthur und die Südhälfte der Insel Sachalin abgetreten worden waren, erlebte der Nordosten Chinas dank der Einbindung in die Einflußsphäre Japans eine regelrechte Blütezeit.

Sun Yatsen – der „Vater der Nation"

Der Kristallisationskern der bereits seit längerem sich vorbereitenden und seit dem Boxeraufstand um die Jahrhundertwende sich beschleunigenden Entwicklung politischer Neuorientierung wurde die „Revolutionäre Allianz" („Tongmenghui", deren längere Bezeichnung „Zhongguo geming Tongmenghui" auch als „Vereinigte revolutionäre Liga Chinas" oder als „Revolutionsbund" übersetzt wird). Diese Allianz, die im Jahre 1905 in Tokyo von Dr. Sun Yatsen (Sun Yixian, 1866–1925) gegründet worden war und sich in ihrer Organisationsform stark an die Geheimgesellschaften des spätkaiserzeitlichen China anlehnte, wurde zur Vorläuferorganisation der Nationalistischen Partei (Guomindang, im folgenden abgekürzt als GMD).

Die neue Republik sollte nach dem Willen vieler Akteure, insbesondere der aus dem Ausland zurückgekehrten Intellektuellen und Studenten, eine parlamentarische Demokratie werden. Was vor allem aber fehlte, waren die Personen und die einschlägigen Erfahrungen, ohne die ein solcher Plan nicht ins Werk zu setzen war. Als der geeignetste, die neue Republik zu führen, war Sun Yatsen erschienen, der seit 1896 im Exil lebte und aus dem Ausland mehrere Aufstände angeregt hatte. 1905 war er, aus Europa nach Japan zurückgekehrt, Führer einer revolutionären Partei geworden, der „Revolutionären Allianz". Diese Vereinigung war nicht nur ein Verband von Chinesen im Ausland, sondern sie hatte Kontakte zu zahlreichen Gruppen innerhalb Chinas, insbesondere zu anti-mandschurischen Vereinigungen, die sich in wachsender Zahl seit 1902 in den Städten gebildet hatten.

Sun Yatsen brachte ein Programm mit, die „Drei Volksprinzipien" (*Sanmin zhuyi*), die er 1897 während eines Europaaufenthaltes konzipiert und in den folgenden Jahren in Reformvorschläge umgesetzt hatte. Gegen das Fehlen einer nationalen Identität setzte er das Prinzip des Nationalismus (*minzu*); die beiden anderen Prinzipien drehten sich um die „Bürgerrechte" (*minquan*) und die „Volkswohlfahrt" (*min-*

sheng), drei Prinzipien, die sich auch als antiimperialistischer Nationalismus, Demokratie und Sozialismus umschreiben lassen. Dabei ging es auch um Landreformen und in Sun Yatsens Augen, der unter dem Einfluß des amerikanischen Theoretikers Henry George stand, um eine zumindest teilweise Nationalisierung des Grundbesitzes, freilich gegen Entschädigung. So wurde Sun Yatsen zum „Vater der Nation" (*guofu*), ein Titel, den er bis in die Gegenwart behielt, in der immer noch sein monumentales Grabmal in der Nähe Nankings unweit der Grabanlage des Gründers der Ming-Dynastie, Zhu Yuanzhang (reg. 1368–1399), Anziehungspunkt eines nationalistischen Kultes ist.

Das Gründungsmanifest der „Revolutionären Allianz" nennt an erster Stelle die Errichtung der Republik als eines der vier Ziele der Revolutionäre. Die anderen drei Ziele waren: die Vertreibung der Barbaren, d.h. der Mandschu-Dynastie, die Errichtung des chinesischen Nationalstaates unter dem Slogan „China ist das China der Chinesen" und schließlich die Neuverteilung des Grundbesitzes. „Unsere Revolution", heißt es in dem Manifest, „gründet sich auf die Gleichheit, um eine republikanische Regierungsform zu errichten. Unser ganzes Volk ist gleich, und alle genießen die gleichen politischen Rechte. Der Präsident wird öffentlich vom Volk des Landes gewählt werden. Das Parlament wird aus Abgeordneten bestehen, die öffentlich vom Volk des Landes gewählt werden. [...] Es wird eine Verfassung der Republik erlassen werden, und jeder muß sich an sie halten. Wer immer es wagt, sich zum Monarchen zu machen, gegen den wird sich das ganze Land erheben." Neben der Forderung nach republikanischer Verfassung handelte es sich sonst eigentlich eher um Forderungen, wie sie im Verlaufe der Geschichte Chinas immer wieder vertreten wurden.

Die Krise von 1911

Das Ende der Dynastie kam bald, und nur wenige hatten es vorausgesehen. Neue Regierungen haben in China häufig ihren Ausgang von außerhalb genommen. Dies trifft in gewisser Weise auch auf die Revolution von 1911 zu, die ohne die Unterstützung von außen so nicht stattgefunden hätte und die ihre entscheidenden Impulse aus Japan bezog. Im Sommer 1911 spitzten sich die vorangegangenen Entwicklungen krisenhaft zu, und doch war die Abdankung der Dynastie und die Errichtung der Republik dann eher das Ergebnis eines Zufalls als zielgerichteter Anstrengungen.

Auslöser für den Dynastiewechsel – denn darum handelte es sich in den Augen vieler Chinesen – war, wie gesagt, ein Zufall. Am 9. Oktober 1911 explodierte unbeabsichtigt in Wuchang in einem Privathaus eine Bombe. Als die Polizei ein Waffenlager und die Mitgliederliste einer revolutionären Gruppe fand, entschied diese Gruppierung, bei der es sich um einige konspirativ arbeitende junge Offiziere handelte, den für später geplanten Aufstand sofort durchzuführen. Die Rebellen, darunter Offiziere der örtlichen Kaserne, besetzten am Abend des 10. Oktober 1911 das Waffenlager und die Militärkommandantur, besetzten Wuchang, riefen eine Militärregierung und die Republik für ganz China aus und besetzten sodann die Nachbarstädte Hankou und Hanyang. Dem Provinzparlament von Hubei blieb keine Wahl, als die neue Regierung offiziell anzuerkennen. Dann überschlugen sich die Ereignisse. Innerhalb weniger Wochen, bis Ende November 1911, erklärten alle Provinzen mit Ausnahme von Zhili (das heutige Hebei), Henan und Gansu ihre Unabhängigkeit von der Dynastie. Bei alledem war den meisten weitgehend unklar, wie es weitergehen sollte. Für viele schien die Zukunft offen, und Sun Yatsen verglich China mit einem unbeschriebenen Blatt.

Am 25. Dezember 1911 traf Sun Yatsen in China ein und wurde fünf Tage später von den in Peking zusammengekommenen Delegierten von 16 Provinzversammlungen zum „Provisorischen Präsidenten“ der Republik China ernannt. Am 1. Januar 1912 legte er in Nanking den Amtseid ab, in dem er schwor, die Mandschu-Dynastie zu stürzen, eine auf den Willen des Volkes gegründete Regierung zu errichten und sodann zurückzutreten, damit das Volk von China seinen Präsidenten wählen könne. Denn es war ihm bewußt, daß er kaum Kräfte zur Durchsetzung seiner Ziele zur Verfügung hatte und ohne die Militärs handlungsunfähig war. Daher versicherte er sich des mächtigsten Mannes im Norden, Yuan Shikai. Bei wichtigen Entscheidungen beriet sich Sun mit Huang Xing (1874–1916), der eine eigene Revolutionsgruppe aufgebaut und 1905 in die Gründung der „Revolutionären Allianz“ mit eingebracht hatte. Dieser erfahrene Revolutionär hatte beispielsweise den – allerdings fehlgeschlagenen – Kantoner Aufstand vom 27. April 1911 organisiert. Er blieb der wichtigste Berater Sun Yatsens, bis sich beide im Jahre 1914 wegen unterschiedlicher Auffassung in Fragen der Parteiorganisation überwarfen.

Sun Yatsen hatte sich mit Huang Xing und anderen Revolutionären bereits Ende Dezember 1911 darüber verständigt, daß Yuan Shikai die einzige Hoffnung darstelle, Bürgerkrieg, Chaos und Intervention fremder Mächte zu verhindern. Dieser hatte selbst auf mehreren Ebenen Verhandlungen mit den Revolutionären wie mit dem Kaiserhaus aufgenommen und schließlich erreicht, daß der Thronregent, Prinz Chun, für seinen fünfjährigen Sohn Puyi, den letzten Kaiser, am 12. Februar 1912, dem Neujahrstag nach dem traditionellen kombinierten Sonne-Mond-Kalender, abdankte. Nachdem Yuan Shikai sich bereit erklärt hatte, seine republikanischen Ideen bekannt zu machen, trat Sun Yatsen am 13. Februar von seinem Amt als Provisorischer Präsident zurück. Präsident wurde nun Yuan Shikai. Damit war formal die Republik geboren. Das Kalendersystem wurde vom Mond- auf den Sonnenkalender umgestellt, und die Jahreszählung begann mit dem Jahr 1912 als dem ersten Jahr der Republik.

Die Jahre 1912 und 1913 waren gekennzeichnet durch vielfältiges Bemühen einzelner politischer Gruppen, durch mehr oder weniger starke Unterstützung Yuan Shikais, bei einigen auch durch dessen Ablehnung, ein republikanisches System zu etablieren und zu festigen. Doch hier zeigten sich fundamentale Schwächen, da es keine demokratische Tradition und auch keine Parteien-Tradition gab. Bis zur Jahreswende 1913/1914 blieb die Republik formal bestehen, als zu Beginn des Jahres

1914 Yuan Shikai das Parlament auflöste und sich zum Diktator aufschwang.

Auch die Diktatur Yuan Shikais währte nur kurz und leitete eine bis dahin in China nicht gesehene Zeit der Bürgerkriege und blutiger Selbstfindungsprozesse ein. Aber auch wichtige Modernisierungsimpulse gehen auf diese Phase zurück. Die Zeit von 1911 bis 1949 kann als eine der bewegtesten Epochen in der Geschichte Chinas überhaupt gelten, war doch die Ablösung des Mandschu-Regimes nicht einfach ein Dynastiewechsel, wie es sie so häufig in der Geschichte Chinas gegeben hatte. Vor allem durch die Begegnung Chinas mit der Außenwelt und das Eindringen fremder Mächte und Ideen hatten die politischen Veränderungen besonders seit dem Beginn unseres Jahrhunderts eine ganz neue Qualität gewonnen. Hinter diesem gänzlich Neuartigen erkennen wir jedoch zugleich auch Strukturen des Alten China.

II. Politische Wirren und die Suche nach einem Neuanfang 1912–1927

1. Das Scheitern der Republik und die Zeit der Kriegsherren

Reaktionäre Kräfte

Trotz der großen Zustimmung und trotz erster Abstimmungserfolge und eines hohen Maßes an Selbstorganisation insbesondere der städtischen Bevölkerung war das Experiment einer Republik von kurzer Dauer. Als am 13. Februar 1912 Sun Yatsen zurücktrat, um Yuan Shikai, dem mächtigen Mann des Nordens, Platz zu machen, der am 10. März 1912 im Alter von 52 Jahren in Peking vereidigt wurde, schien es, als hätte die Republik mit einem starken Präsidenten eine Chance.

Doch es war nicht nur die enge Verbindung mit den Vertretern der alten Ordnung, die Yuan Shikai auf Dauer für die neue Ordnung untragbar werden ließ, sondern auch die Unfähigkeit der Regierung, den imperialistischen Mächten Einhalt zu gebieten, was viele der nationalistisch Gesonnenen gegen die neue Regierung Stellung beziehen ließ. Die Folge war eine Entfremdung zwischen Regierung und Elite, und die Elite ihrerseits fühlte sich in ihrem Patriotismus nicht an den Staat, sondern vor allem an die eigenen Interessen gebunden. Die daraus resultierende Orientierungslosigkeit schlug sich in der ersten Phase der Republik nieder in dem Konflikt zwischen zentraler bürokratischer Modernisierung einerseits, betrieben von Yuan Shikai, und Aktivitäten der Elite andererseits, die in der demokratischen Bewegung ihren Ausdruck fanden. Daher war es auch konsequent, daß Yuan Shikai seit 1914 die aufblühenden lokalen Gremien und Versammlungen zu unterbinden trachtete. Elite-Mobilisierung in den Städten blieb auch weiterhin schwierig und stieß auf Widerstände, wie in den 20er Jahren, als die Nanking-Regierung bürokratische Modernisierung mit Zentralisation zu verbinden versuchte, indem die Regierung ihre Macht und ihre Institutionen bis auf die unteren Ebenen ausdehnte und jede soziale Mobilisierung unter die Aufsicht der Partei oder ihrer Hilfsorganisationen stellte. Es war also nicht erst die Folge kommunistischer Herrschaft, daß die Städte Chinas, wenn man einmal von den Vertragshäfen und insbesondere Shanghai absieht, geistig verödeten, sondern jeder Ansatz zu einer Bürgergesellschaft wurde bereits seit der Republikgründung unterdrückt.

Ohne Yuan Shikais Einsatz wiederum wäre das Reich wohl mit Sicherheit auseinandergebrochen, denn nur er verfügte über hinreichende militärische Kräfte. Der Preis hierfür war jedoch, daß sich eine wirkliche Reformpolitik trotz einiger Ansätze nicht entfalten und demokratische Strukturen nicht fortentwickeln konnten. Yuan Shikai wurde zudem massiv vom Ausland, insbesondere den europäischen Mächten, unterstützt, die vor allem durch Abgabenrechte wirtschaftlich von der Politik Yuan Shikais profitierten und China von einem starken Mann regiert sehen wollten. Demokratie als Staatsform sahen sie als für China nicht geeignet an. Yuan Shikai seinerseits verfügte über genügend Druckmittel, um das Parlament zu veranlassen, ihn im Amt zu bestätigen, und seine Mißachtung demokratischer Institutionen ging so weit, daß er im November 1913 die GMD verbieten ließ und Anfang 1914 das Parlament auflöste, so daß die GMD bis 1922 nur noch im Untergrund weiter wirken konnte. Nach einer monatelangen Kampagne zu seiner Unterstützung verkündete Yuan am 1. Januar 1916 eine neue Dynastie, zu deren Kaiser er sich hatte erklären lassen.

Doch seit im Januar 1915 Yuan Shikai mit den „21 Forderungen" Japans konfrontiert worden war, war sein Ansehen beschädigt. Wenn diese Forderungen Japans, das gleich zu Beginn des Ersten Weltkriegs gegen Deutschland und Österreich in den Krieg eingetreten war und sich der deutschen Besitzungen in Ostasien bemächtigt hatte, hätten durchgesetzt werden können, wäre China faktisch zu einer Kolonie Japans geworden. Die Alliierten anerkannten die besonderen Beziehungen Japans zu China, und Japan seinerseits tat alles, um die innerchinesischen Spannungen und Konflikte zu schüren und Yuans Position zu schwächen. Im März 1916 mußte daher Yuan seinen Anspruch auf die Stellung eines Kaisers zurücknehmen, und als er am 6. Juni 1916 starb, war nicht nur der Präsident Yuan Shikai zur Karikatur seiner Ambitioniertheit geworden, sondern der Einfluß der Zentralregierung auf die Politik Chinas war weitgehend zerfallen. In den folgenden Monaten und Jahren zeigte sich die Schwäche der Regierung in Peking, die auch durch den Eintritt Chinas in den Ersten Weltkrieg auf seiten der Alliierten im Jahre 1917 keine Stärkung erfuhr. Die Hoffnung, sich so gegen die „21 Forderungen" Japans wehren zu können, war trügerisch.

Die Zeit der Kriegsherren

Nach dem kurzen nationalistischen Übergang während der Herrschaft Yuan Shikais setzte eine Phase der politischen Zersplitterung ein, die Zeit der Kriegsherren (engl.: warlords) und der Generäle. Zu einer effektiven Kontrolle der Zentralregierung über das gesamte Territorium Chinas kam es erst wieder nach dem Nordfeldzug im Jahre 1928, in mancher Hinsicht sogar erst nach der Etablierung der kommunistischen Regierung im Jahre 1949. Bis zum Nordfeldzug Chiang Kaisheks in den Jahren 1926–1928 war die politische Situation in China durch die Vorherrschaft der Militärgouverneure der einzelnen Provinzen gekennzeichnet. Es gab Hunderte solcher Kriegsherren, die sich zu wechselnden Allianzen und hierarchisch organisierten Cliquen zusammenschlossen. Die wichtigeren Kriegsherren suchten diesen Zustand eines „unorganisierten Feudalismus von Militärbefehlshabern" zu überwinden. Aber selbst Yuan Shikai, von 1912 bis 1916 Präsident der Republik und mit erheblichen Befugnissen ausgestattet, hatte es nicht vermocht, das Land zu einigen, unter anderem deshalb, weil er sich nur auf einen Teil der Truppen verlassen konnte. Die Eigeninteressen einzelner Regionen und Gruppen waren einfach zu mächtig, und die Unabhängigkeitserklärungen der Mongolei und Tibets (1911/1912) regten die ohnehin vorhandenen Zerfallstendenzen noch weiter an.

In gewisser Weise kann Yuan Shikai selbst als „Vater der Kriegsherren" bezeichnet werden, und zwar nicht nur, weil er der Vorgesetzte von vielen von ihnen war, sondern auch, weil er ihnen ein Beispiel dafür gab, wie man China nach dem Zusammenbruch des alten Systems beherrschen könnte. Diese Kriegsherren waren typische Repräsentanten einer Übergangsgesellschaft, in der die alten Traditionen nicht mehr gelten, in der sich aber auch noch keine neuen Formen herauskristallisiert haben. Diese Zeit der Kriegsherren, die großes Elend, Unterdrückung und Ausbeutung der Bevölkerung mit sich brachte, war aber nicht nur eine Periode des Chaos, sondern gleichzeitig eine in höchstem Maße schöpferische Periode, vor allem auf kulturellem Gebiet. Sie prägte auch das politische Denken vieler Intellektueller. Sun Yatsen etwa führte das praktische Scheitern der ersten Versuche zur Einführung einer Demokratie darauf zurück, daß China wohl noch nicht reif für einen direkten Übergang zur Demokratie sei; daher plädierte er für eine Phase der Erziehungsdiktatur, die nach der mit militärischen Mitteln erfolgten Revolution auf die Demokratie vorbereiten sollte.

2. Geistige Vielfalt und Suche nach Einheit

Mr. Science and Mr. Democracy

Kaum eine der im Westen gängigen Ideen jener Zeit wurde nicht auch mehr oder minder intensiv in China diskutiert, sei es die Idee des Sozialismus, des Sozialdarwinismus, des Utilitarismus, des Anarchismus – und manche dieser Ideen fanden zum Teil große Anhängerschaft. Die Propagierung solcher neuer Ideen verband sich leicht mit Forderungen nach einer neuen Kultur, nach der Zerschlagung des alten Systems des Konfuzianismus, der im wesentlichen dafür verantwortlich gemacht wurde, daß China im Vergleich zu den ausländischen Mächten so zurückgeblieben sei. Hu Shi (1891–1962), einer der führenden Professoren der Pekinger Universität, begründete eine literarische Erneuerung, indem er proklamierte, eine tote Sprache könne keine lebendige Literatur hervorbringen.

Unter allen Ideen, die in China aufgegriffen wurden, galten

Demokratie und Naturwissenschaft als die zentralen Erfordernisse, um China einen neuen Weg zu ebnen. Man sprach von „Mr. Science“ und „Mr. Democracy“, und Chen Duxiu (1879–1942), einer der Mitbegründer der KPCh, schrieb bereits im Januar 1919, nur diese beiden „Herren“, Mr. Science und Mr. Democracy, könnten die üblen Krankheiten in Politik, Moral, Erziehungswesen und Denken Chinas heilen.

Die Fiktion einer Han-Nationalität

Die Einheit Chinas war gleichwohl das selbstverständliche Ziel der Republikanischen wie der Kommunistischen Bewegung in den 20er Jahren des 20. Jahrhunderts gewesen, und dieses Ziel verband beide politischen Strömungen noch lange darüber hinaus. Hierzu diente die Fiktion einer Han-Nationalität (*Han minzu*), wie sie etwa von Sun Yatsen proklamiert wurde, dem sie auch dazu diente, die Spannungen zwischen den einzelnen Kulturregionen zu vermindern. Den Mandschuren, Mongolen, Muslimen und Tibetern wollte dann Mao Zedong, der ebenfalls den Einheitsstaat proklamierte, zugestehen, daß sie ihre eigenen Verfassungen bestimmen. Später sah dies allerdings auch Mao anders. Bei seinen Bemühungen um ein Einheitsreich beschäftigte er sich mit dem ersten Reichseiniger Qin Shihuangdi. Dieser habe das Reich nicht zusammenhalten können, weil er sich zu sehr auf den Bau der Mauer konzentriert habe. Vielmehr müsse mehr Wert auf die innere Kohärenz gelegt werden. Diese Überzeugung findet ihren Ausdruck in dem umgestalteten Tian'anmen-Platz als dem Versammlungsort für die Volksmassen und nunmehr auch in dem Mao-Mausoleum in der Mitte dieses Platzes, das als Repräsentationsort des Reiches verstanden wird, in dem Steine aus allen Teilen des Reiches, auch aus Taiwan, verbaut worden sind.

Lange schien es, als sei die Einheit, wenn auch nicht der gesprochenen Sprache, in greifbare Nähe gerückt. Und tatsächlich scheint die Einheit heute innerhalb Chinas durch gemeinsame Kommunikation weitgehend gewährleistet. Die Zentralregierung beansprucht die Durchsetzung einer einheitlichen

Nomenklatur etwa bei neuen technischen Begriffen. Dahinter steht die Vorstellung von einer einheitlichen Verständigungsbasis auf der Grundlage der chinesischen Schrift für die ganze chinesische Welt. Die Dialekte und deren Aussprache freilich sind bis heute ein Problem.

Die 4.-Mai-Bewegung

Ganz neue Entwicklungen unter den Intellektuellen schienen sich während der Zeit des Ersten Weltkriegs anzubahnen, die später unter der Bezeichnung „4.-Mai-Bewegung" zusammengefaßt wurden. Damit sind die geistig-literarisch-politischen Strömungen der Zeit zwischen 1915 und 1925 angesprochen. Die Bezeichnung selbst geht auf die Ereignisse im Mai des Jahres 1919 zurück, die nur zu verstehen sind aus dem Zusammenhang der Bildungsinitiativen sowie der weitgehend von ausländischem Kapital kontrollierten Industrialisierung in den Küstenstädten. Allein der enorme Anstieg der Studentenzahlen – wobei vor allem denjenigen Studenten eine Schlüsselrolle zufiel, die im Ausland, zunächst vor allem in Japan, dann aber auch in den USA und in Westeuropa, studieren konnten – hatte das geistige Klima verändert. Auf diesem Wege waren neue Ideen nach China gekommen, und namentlich die staatliche Peking-Universität, die Beida, war zum Zentrum der geistigen und kulturellen Auseinandersetzung geworden.

Da zum 7. Mai 1919, dem Tag, an dem sich die Überreichung der „21 Forderungen" zum vierten Male jährte, die Studentenschaft Pekings eine große Protestdemonstration geplant hatte, trafen sich am Abend des 3. Mai Vertreter aller Hochschulen in der Universität Peking. Die Erregung war groß, und so plante man für den nächsten Tag eine Großdemonstration vor dem „Tor des Himmlischen Friedens", dem Tian'anmen. Diese Studentenunruhen, die sich gegen die japanfreundliche Politik der Pekinger Regierung richteten, lösten landesweit Proteste aus, Kleinhändler ebenso wie Intellektuelle und einige Arbeiter schlossen sich der Protestbewegung an, und es wurde zum Boykott japanischer Waren aufgerufen. Später bezeichnete Mao Zedong die durch die 4.-Mai-Bewegung bewirkten Veränderungen als die größten und gründlichsten in der ganzen Geschichte Chinas. Die chinesische Geschichtsschreibung läßt mit diesem Ereignis die Zeitgeschichte beginnen. Die Unruhen zogen sich über mehrere Wochen hin und führten u.a. zur Gründung der „Gesamtchinesischen Studentenunion" am 16. Juni 1919 in Shanghai. Überhaupt nahmen die wesentlichen modernen politischen und literarisch-geistigen Strömungen ihren Ausgang von der 4.-Mai-Bewegung, und auch die marxistischen Studierzirkel, die dann in die Gründung der KPCh im Jahre 1921 mündeten, gehören ebenso in den Kontext dieser Bewegung wie die liberal-demokratischen Positionen und der Ruf nach einer wissenschaftlichen Kultur. Zunächst also an die Proteste im Frühsommer des Jahres 1919 geknüpft, wird unter der 4.-Mai-Bewegung inzwischen eine ganze Epoche verstanden, die in der Mitte des zweiten Jahrzehnts des 20. Jahrhunderts einsetzt und bis in die Mitte der 20er Jahre, für manche sogar bis Anfang der 30er Jahre dauert. Allen Strömungen jener Zeit aber war und blieb ein Impuls eigen: das nationale – um nicht zu sagen nationalistische – Element.

Es ist aber der Ausdehnung Chinas und auch den weiter wirkenden liberalen Traditionen zu verdanken, daß sich trotz allem Rigorismus in den politischen Diskursen vielfältige Veränderungen einstellten und Reformen möglich waren. So gelang es der Zentralregierung unter Führung der GMD während der Nanking-Zeit trotz vieler Mißerfolge und eines zunehmend gestörten Verhältnisses zu den Intellektuellen, die Verkehrs- und Infrastruktur wesentlich zu verbessern. Auch waren diese Jahre eine Blütezeit des Druck- und Verlagswesens. Neue Editionen wurden vorbereitet, und in den meisten Wissenschaften wurden erste zusammenfassende Werke aus neuer Sicht geschrieben, wobei die Autoren sich häufig an in Europa oder in den USA gewonnenen Leitbildern orientierten. Auch wurde das seit der Jahrhundertwende und seit der Abschaffung des Palastprüfungssystems im Jahre 1905 grundlegend gewandelte Erziehungswesen von der GMD in qualitativer wie in quantitativer Hinsicht verbessert. Die Zahl der Schüler und Studenten verdreifachte sich während der Nanking-Periode, und vor allem auf dem Gebiet der Weiterbildung setzte die GMD-Regierung Zeichen, indem sie neue Universitäten und Colleges gründete. Einer der Höhepunkte der Neuorientierung in der Bildungs- und Wissenschaftspolitik war die Gründung der Academia Sinica im Jahre 1928.

3. Die republikanische und die kommunistische Bewegung

Fremde und einheimische Unternehmer

Wie der Zusammenbruch der Zentralgewalt den Aufstieg der Kriegsherren erst ermöglicht hatte, so schuf erst das abnehmende Engagement der westlichen Mächte während und nach dem Ersten Weltkrieg die Chance für japanische und chinesische Unternehmer, in diese Lücke einzuspringen und eigene Unternehmungen zu betreiben. Dies geschah in besonderem Maße unbehelligt von den Kriegsherren in den unter ausländischem Schutz stehenden Vertragshäfen. Diese neuen Unternehmer übernahmen und kultivierten neue Verhaltensweisen und erwarben technische und administrative Kenntnisse, die zur Führung einer sich entfaltenden Wirtschaft unabdingbar waren. Diese Leute spielten eine große Rolle bei dem zweiten wesentlichen Faktor zum Aufbau einer nationalen Wirtschaft, der Verwaltung des Kapitals. Unternehmergeist und Kapital, das vorwiegend aus den Händen von Auslandschinesen, aus Hongkong und den Vertragshäfen kam, bildete die Voraussetzung für eine stärkere Industrialisierung vor allem in den Küstenregionen und trug damit zur Entstehung eines chinesischen Proletariats bei. Während auf negative Erfahrungen mit den Kolonialmächten und ausländischen Handelsunternehmungen mit Aufrufen zur nationalen Selbstbehauptung reagiert werden konnte, führten die chinesischen Unternehmungen zur Thematisierung der Klassenfrage. Dies wurde dadurch begünstigt, daß sich neben Vorschlägen zu einer konstitutionellen Monarchie, wie sie die Gruppe um den Reformer Kang Youwei

(1858–1927) im Zuge der Hundert-Tage-Reform von 1898 vertreten hatte, oder neben anarchistischen bzw. anarchosyndikalistischen Vorstellungen, insbesondere unter der seit der Jahrhundertwende rapide zunehmenden Zahl von im Ausland studierenden jungen Chinesen, sozialistische und marxistische Vorstellungen herausgebildet hatten.

Viele junge Intellektuelle waren davon überzeugt, daß das Alte absterben müsse. So sprach etwa Chen Duxiu, einer der Gründer der KPCh, von einer „neuen Gesellschaft, einer neuen Nation und einem neuen Glauben" und forderte eine völlige Umorientierung. Er postulierte: „Wenn das Alte nicht zerschlagen wird, kann sich das Neue nicht entfalten." Ähnlich äußerte sich Li Dazhao (1888–1927), der als junger Mann von den Nationalisten ermordete Hoffnungsträger der großstädtischen kommunistischen Intelligenz: „Unsere Nation hat eine äußerst lange Geschichte hinter sich, und der Staub der Vergangenheit lastet schwer auf uns. – Was wir der Welt beweisen müssen ist nicht, daß das alte China nicht tot ist, sondern daß ein neues China im Entstehen ist." Ganz im Sinne dieses Neubeginns und des Aufbruchs wurde von vielen auch die bolschewistische Revolution in Rußland bewertet, an der nicht nur die Kommunisten, sondern auch die Nationalisten die anti-imperialistische Komponente und die Tatsache bewunderten, daß es sich – zumindest vermeintlich – um eine Massenbewegung gehandelt hatte. Der eigentliche Prozeß bei der Übernahme marxistischen Gedankengutes ging jedoch sehr langsam vor sich.

Da auch von einer Industriearbeiterschaft in nennenswertem Umfang in den ersten beiden Jahrzehnten des 20. Jahrhunderts nicht die Rede sein konnte, war wohl auch eigentlich die Grundlage für eine proletarische Massenbewegung im Sinne der Lehren von Karl Marx und Friedrich Engels nicht vorhanden. Und wo es Industrie gab, war zumeist auch ausländisches Kapital, oder es waren gar, wie in den Konzessionshäfen, ausländische Unternehmen präsent, so daß die Konfliktlinien zwischen Arbeit und Kapital dort leicht als Konflikte zwischen den Interessen der Kolonialmächte und chinesischen Interessen definiert werden konnten. Die geringe Industrialisierung Chinas war dann auch weiterhin ein Argument für die Kommunistische Internationale, die Einheitsfront von KPCh und GMD zu befürworten. Andererseits hatten aber die Oktoberrevolution in Rußland und die Faszination sozialistischer und kommunistischer Ideen unter der chinesischen Jugend eine solche Begeisterung entfacht, daß eine Parteigründung und dann auch die Organisation von Arbeitern und von Streikbewegungen nahelagen. Zugleich gab es neben den ausländischen Vorbildern auch eigene Traditionen der Verweigerung, wie sie sich etwa im Boykott amerikanischer Waren im Jahre 1905 gezeigt hatten.

Die Gründung der KPCh

Einer der Aktivisten der ersten Stunde war Mao Zedong (1893–1976). Er berichtete seinem Biographen Edgar Snow, er habe sich seit dem Sommer des Jahres 1920 als Marxist verstanden. Die von ihm in Changsha in der Provinz Hunan im Sommer jenes Jahres organisierte Gruppe stellte sich bereitwillig unter die Vormundschaft der von Moskau dominierten III. Kommunistischen Internationale (Komintern). Die Gründung der Kommunistischen Partei Chinas (chin.: Gongchandang, hier abgekürzt als KPCh) im Frühjahr 1921 (andere Datierungen nennen den 1. Juli) in Shanghai, bei der sich 12 Vertreter von Parteizellen aus verschiedenen Regionen trafen, darunter auch Mao Zedong – und über deren Umstände noch manche Unklarheit herrscht – erforderte eine neue Abstimmung der politischen Linie. Der Parteigründung voraufgegangen waren Beratungen und Gespräche zwischen u.a. Chen Duxiu und zwei Gesandten der III. Internationale, Gregory Voitinski und einer Person mit dem Decknamen „Maring“. Dabei hatte es sich als das größte Problem für die Kommunisten herausgestellt, die starken anarchistischen Kräfte innerhalb der eigenen Bewegung zurückzudrängen, und so verwundert es nicht, daß es bereits in der Gründungsphase der KPCh zu Unstimmigkeiten zwischen den Vertretern der Komintern, die die junge KPCh ebenso wie die GMD finanziell, militärisch und durch Ausbildungshilfe unterstützte, und Mitgliedern der jungen KPCh kam.

Zunächst mußte die KPCh ihre Programmatik entwickeln. Während das auf dem ersten Kongreß der KPCh verabschiedete Programm nur sehr unklar die Rolle der Arbeiterklasse bei einer Veränderung der Machtverhältnisse bestimmte, legte das Manifest des Zweiten Kongresses im Frühsommer 1922 in Guangzhou (Kanton) eindeutig fest, daß das Proletariat zusammen mit den armen Bauern zunächst die nationale, bürgerlich-demokratische Revolution unterstützen und nach deren Sieg in einem zweiten Kampf die einheimische Bourgeoisie stürzen und die Diktatur des mit den armen Bauern verbündeten Proletariats errichten müsse. Zugleich machte sich die KPCh Forderungen des Ersten Nationalen Arbeiterkongresses nach einer Arbeitsgesetzgebung zu eigen und betonte die Forderung nach Abschaffung der Kontraktarbeit und nach Einführung des Acht-Stunden-Tages. Die Arbeiterbewegung erlitt nach einer langen Reihe zum Teil machtvoller Streiks in der Zeit zwischen dem Juli 1922 und dem Februar 1923 mit der Niederschlagung des 7.-Februar-Streiks eine große Niederlage.

Die erste Einheitsfront

Die seit dem Verbot durch Yuan Shikai bis 1922 im Untergrund arbeitende GMD hatte unter der Leitung Sun Yatsens und Chiang Kaisheks (1887–1975) 1923 unmittelbaren Kontakt mit der Sowjetunion aufgenommen und auf ihrem ersten Parteikongreß 1924 eine enge Kooperation mit der Sowjetunion und ein Bündnis mit der KPCh beschlossen. Zweck des Bündnisses dieser beiden nach den Vorstellungen Lenins organisierten Parteien war der Kampf gegen die Kriegsherren und die Eindämmung der japanischen Expansion. Die Bündnislinien blieben jedoch unscharf.

Die Niederlage der kommunistisch geführten Arbeiterbewegung hatte innerhalb der KPCh neue Debatten ausgelöst. Die Gruppe um den Generalsekretär Chen Duxiu vertrat die Meinung, die Schwäche der Arbeiterbewegung sei allein in der

Zersplitterung und Unreife der chinesischen Arbeiterklasse zu suchen. Entscheidend aber wurde für die spätere Entwicklung die Bildung von Kadern innerhalb des Militärs bzw. der Aufbau eigener bewaffneter Kräfte. Die von sowjetischer Seite geförderte und nach Vorbildern der Roten Armee ausgerichtete Huangpu(Whampoa)-Militärakademie, die noch Sun Yatsen 1924 einweihen konnte, wurde zur Pflanzstätte eines modernen Offizierkorps, aus dem einige der wichtigsten militärischen Führer der GMD ebenso wie der KPCh hervorgingen. Der erste Leiter dieser Militärakademie war Chiang Kaishek, und ihr erster Politkommissar der junge Zhou Enlai (1898–1976), der spätere Ministerpräsident und Weggefährte Mao Zedongs während der Kulturrevolution.

Zunächst fand sich die KPCh mehrheitlich zu einer Allianz mit der GMD Sun Yatsens bereit, was wegen zum Teil ähnlicher sozialistischer Vorstellungen nicht allzu schwer fiel. Nach dem Bruch zwischen GMD und KPCh im Jahre 1927 wurde nachträglich die Niederschlagung der Arbeiterbewegung im Frühjahr 1923 ebenso wie die Liquidierung des kommunistischen Einflusses in den Städten durch Chiang Kaishek im Jahre 1927 ausschließlich dem „Opportunismus" Chen Duxius angelastet. Dabei trat in den Hintergrund, daß die Entscheidung zur Zusammenarbeit von der Komintern gefällt und durchgesetzt worden war. Die Beziehungen der GMD zur Sowjetunion blieben übrigens auch über den Bruch mit der KPCh hinaus bestehen und erfuhren insbesondere am Ende der 40er Jahre eine Wiederbelebung, als Rußland seine Interessen in Nordchina und der Mandschurei in einem Bündnis mit Chiang Kaishek besser glaubte durchsetzen zu können.

In den Städten, insbesondere in Shanghai, der modernsten Stadt Chinas in jener Zeit, war es in der Mitte der 20er Jahre vermehrt zu Konflikten innerhalb der Händler und ihrer Vereinigungen gekommen, die vor allem seit der 4.-Mai-Zeit stark zunahmen. Eine bedeutende Wendemarke stellt die sogenannte 30.-Mai-Bewegung 1925 dar. Die Antwort auf den Konflikt zwischen den fremden Mächten und China, ausgelöst durch die Schüsse englischer Soldaten auf Arbeiter und Studenten am

30. Mai 1925, war eine Politisierung weiter Kreise der Händler im nationalen Sinne, die andererseits ihre Interessen gegen die Gewerkschaftsorganisationen wahren wollten und sich deshalb mit den Kriegsherren verbündeten. Zwar hatte die Erhebung vom 30. Mai in Shanghai den inländischen Protest gegen die Imperialisten und damit die „Einheitsfront" gestärkt, doch entfalteten die Interessen einzelner Gruppen, insbesondere des städtischen Mittelstandes, ihre eigene Dynamik. Dieser hatte zunächst in der GMD seinen politischen Verbündeten gesehen. Bald aber stellte sich heraus, daß die Händlerelite keine Parteiherrschaft dulden wollte, und so verbündete sie sich mit Chiang Kaishek, der im Jahre 1925, nach dem Tod Sun Yatsens, die Führung der GMD übernommen hatte, gegen die Partei.

Doch so symptomatisch Shanghai auch war, so handelte es sich doch um einen Sonderfall, um eine Stadt besonderen Gepräges, so daß manche von einem „anderen China" gesprochen haben. Um 1930 war Shanghai mit 3,5 Mio. Einwohnern die größte Stadt der Erde, mit Billigstlöhnen für Frauen und Kinder, Epidemien und zahllosen Hungertoten. 25 000 Prostituierte (1:140) belebten die Stadt. Opium, Spielhöllen, Menschenraub und eine gut organisierte Unterwelt prägten das Stadtbild. Nachdem die Japaner im Januar 1932 einen Stadtteil Shanghais bombardiert und erreicht hatten, daß sich die GMD-Truppen aus der Stadt zurückziehen, blieb die Stadt ein Zufluchtsort für Intellektuelle, wie etwa für Lu Xun, den „Vater der modernen chinesischen Literatur", der bis zu seinem Tode 1936 in Shanghai lebte. So wurde Shanghai die politischste Stadt Chinas, die Stadt der Zeitungen und der Journale, der Verlage wie der großen Manufakturen, und es ist kein Zufall, daß später in den 60er Jahren die Kulturrevolution dort ihre Hochburg hatte.

III. Revolutionsmodelle im Widerstreit (1927–1937) und antijapanische Einheitsfront (1937–1945)

1. Der Bruch zwischen Kommunisten und Republikanern

Das Blutbad von Shanghai

Nach dem Tode Sun Yatsens im März 1925, des unumstrittenen Führers der GMD wie Verfechters der Volksfrontidee, verschärften sich die Spannungen zwischen den beiden Parteien, und es bahnte sich ein Bruch der Einheitsfront an. Die Streitigkeiten zwischen Kommunisten und GMD zeigten sich bereits 1926 deutlicher und hatten mit zur Verzögerung beim Nordfeldzug (*beifa*), bei dem Kriegsherren im Norden unterworfen werden sollten, beigetragen. Nach der Eroberung und Sicherung der Städte entlang des Yangzi, insbesondere von Wuhan und Shanghai, war dieser zunächst ins Stocken geraten. Denn die revolutionären Truppen begannen nach ersten überraschend schnellen Erfolgen untereinander Konflikte auszutragen. Dabei spielten die Verhältnisse in den Küstenstädten eine entscheidende Rolle. Die Politisierung der Geschäftswelt in diesen Städten spiegelt sich in dem Schlagwort: „Mit Hilfe der Partei regieren, mit Hilfe der Kaufleute den Staat vor dem Ruin retten" (*yi dang zhi guo – yi shang jiu guo*). In der Folge eines Generalstreiks der kommunistisch geführten Gewerkschaften in Shanghai am 21. März 1927 waren am folgenden Tage revolutionäre Kampfverbände in die Stadt einmarschiert. Nachdem dann auch Chiang Kaishek mit seinen Verbänden eingerückt war, war der Straßenkampf unausweichlich geworden.

Am frühen Morgen des 12. April 1927 ließ Chiang durch Männer aus der Unterwelt und andere gedungene Personen in Shanghai Tausende von (angeblichen) Kommunisten und Gewerkschaftern umbringen. Gangster der „Grünen Bande" überfielen mit Unterstützung regulärer Truppen zu Hunderten die Gewerkschaftshäuser und richteten unter den organisierten Arbeitern ein Blutbad an, das André Malraux, der spätere Spanienkämpfer und Kulturminister Frankreichs, in seinem

Roman „La condition humaine“ beschrieben hat. Der am Tag darauf ausgerufene und von 100 000 Werktätigen befolgte Generalstreik wurde mit unvorstellbarem Terror in wenigen Tagen niedergeschlagen. Die Shanghaier Ereignisse wiederholten sich in Kanton und Umgebung.

Mit diesem Blutbad in Shanghai schien eine Allianz zwischen den Kapitalisten Shanghais und der GMD-Regierung geschmiedet worden zu sein. Doch waren andererseits die Kaufleute und Händler nunmehr den Erpressungen der Chiang-Clique ausgeliefert, die von ihnen hohe Summen zur Finanzierung ihrer Armee eintrieb. Bei dem Verhältnis der Kaufleute zur Politik muß jedoch zwischen „großen“ und sogenannten „mittleren Händlern und Kleinhändlern“ (*zhongxiao shangren*), ein Ausdruck, den die Kommunisten in ihren Klassenanalysen gerne benutzten, unterschieden werden. Mit dem Angriff der Nationalisten auf Shanghaier Gewerkschafter und Kommunisten im April 1927 war jedenfalls die Einheitsfront vollends zerbrochen, auch wenn auf Druck Stalins noch kurze Zeit eine Fortsetzung der Kooperation zwischen KPCh und dem linken GMD-Flügel versucht wurde. Erst zehn Jahre später sahen sich GMD und KPCh erneut gezwungen, ein Bündnis gegen Japan einzugehen. Die Zeit von 1927 bis 1937 wird daher auch die „Nanking-Dekade“ genannt, in der die Kommunisten sich zurückzogen und nur durch den legendären „Langen Marsch“ ihre restlichen Kräfte retten konnten.

Chiang Kaishek nutzte seinen Vorteil, etablierte noch vor Ende des Nordfeldzugs in Nanking eine nationale Regierung, die 1928 anerkannt wurde, und setzte sodann den Nordfeldzug zur nationalen Einigung fort. Damit hatte sich der rechte GMD-Flügel zunächst als überlegene Kraft erwiesen und verdrängte die Kommunisten weitgehend aus den Städten, so daß sie sich aufs Land zurückziehen mußten und dort ihre „befreiten Gebiete“ errichteten. Diese gespaltene Revolutionserfahrung sollte die beiden Parteien nicht nur nachhaltig auseinander bringen, sondern wurde auch bestimmend für die Programmatik der militärischen und politischen Arbeit der KPCh.

Die Autorität der Zentralregierung unter Führung der GMD in Nanking, an die sich zunächst große Hoffnungen knüpften, blieb jedoch geschmälert, weil der Großteil des Landes weiterhin faktisch unter der Kontrolle einzelner Kriegsherren stand. Hinzu kam, daß es der Regierung in Nanking nicht gelang, eine drastische Demobilisierung der Truppen zu erreichen, was besonders folgenreich war, weil die Kosten für das Militär nur noch sehr geringen Spielraum für sonstige staatliche Ausgaben offenließen. Die Kommunisten ihrerseits suchten, nachdem die Auseinandersetzung zwischen Stalin und Trotzki über den Verlauf der Weltrevolution zugunsten Stalins beendet worden war, mit bewaffneten Aufständen und der Einrichtung von städtischen Sowjetgebieten die Revolution zu befördern. Dementsprechend organisierte die KPCh bewaffnete Aufstände in den Städten. Ein erster Aufstand am 1. August 1927 in Nanchang wurde in wenigen Tagen niedergeschlagen. Am 11. Dezember 1927 besetzten Arbeitermilizen unter Führung des deutschen Kominternagenten Heinz Neumann Guangzhou, doch brach auch dieser Versuch der Errichtung einer „Kantoner Kommune" nach wenigen Tagen zusammen. Diese Politik sowie die Bekämpfung der GMD und der Regierung in Nanking wurden auf dem 6. Parteitag, der im Juli 1928 in Moskau stattfand, bekräftigt. Es war auch auf diesem Parteitag, auf dem Qu Qiubai (1899–1935) wegen „Linksabweichlertums" in der Parteiführung von Li Lisan (1900–1967) abgelöst wurde. Der Kampf ging trotz wiederholter Niederlagen weiter. So eroberte die neugebildete Rote Armee unter Führung von Peng Dehuai (1898–1974) 1930 die Hauptstadt der Provinz Hunan, Changsha, konnte diese aber nicht halten. Zu Beginn des Jahres 1931 konstatierte man das Scheitern der „Li-Lisan-Linie" und löste Li in der Parteiführung wieder ab.

2. Nordfeldzug, Jiangxi-Sowjet und Langer Marsch

Von Kanton aus, wo am 1. Juli 1925 eine „Nationalregierung der Republik China" als revolutionäres Staatsorgan der GMD gegründet worden war, hatte Chiang Kaishek seinen Nordfeldzug zur Wiedergewinnung der nationalen Einheit, der von 1926 bis 1928 dauerte, geplant und begonnen. Im Verlaufe dieses Nordfeldzuges hatte dann der rechte Flügel der GMD unter seiner Führung eine Gegenregierung in Nanking errichtet, wofür Chiang Kaishek keineswegs die Zustimmung seiner beiden wichtigsten Rivalen innerhalb der GMD besaß. Dies waren Wang Jingwei (1883–1944), ein langjähriger Mitstreiter Sun Yatsens, der den linken Flügel der GMD vertrat, während Hu Hanmin (1879–1936) und seine Fraktion eher den rechten Parteiflügel repräsentierten. Was Chiang aber seinen Rivalen voraus hatte, war der Zugriff auf die Armee, und nur so ist zu erklären, daß sich die GMD in den folgenden Jahren in erster Linie mit der Armee verband und ihr ursprünglich revolutionäres Selbstverständnis bald einbüßte.

Im Juni 1928 brachte die Einnahme der Hauptstadt Peking durch Chiangs Truppen den Sieg im Nordfeldzug und erstmals wieder eine Vereinigung des Reiches. Die folgende Ära der Nankinger Nationalregierung dauerte gut 20 Jahre bis zur Gründung der Volksrepublik China am 1. Oktober 1949. Nach einer sich über mehrere Jahre hinziehenden Stabilisierungsphase schlossen sich die gegensätzlichen Kräfte der GMD nach dem Einmarsch der Japaner in die Mandschurei im September 1931 erneut zusammen. Nach einer von Sun Yatsen formulierten 3-Stufen-Theorie sollte nach und nach eine demokratische Verfassung verwirklicht werden, doch kam man in China nie über die erste Phase einer sogenannten „Vormundschaftsregierung“ – man könnte auch von einer „Erziehungsdiktatur“ sprechen – hinaus, bei der die Partei als Souverän die Regierung kontrollierte. Die Demokratisierung in Taiwan seit dem Ende der 80er Jahre ist in diesem Zusammenhang als eine Sonderentwicklung zu betrachten.

Unter allen Kräften, die Chiang Kaishek die unumschränkte Macht streitig machten, waren die Kommunisten die gefährlichste. Die Kommunisten machten nicht nur mit der gesellschaftlichen Revolution und der Landreform Ernst, sondern sie zeigten auch Entschlossenheit im Kampf gegen den vordringenden Imperialismus Japans. Sie hatten damit zwei Faktoren der öffentlichen Meinung auf ihrer Seite, die Unzufriedenheit der bäuerlichen Massen und den nationalen Haß auf die Japaner.

Jiangxi-Sowjet

In Hunan hatte inzwischen Mao Zedong eine kommunistische Bauernbewegung und im September 1927 den „Herbsternte-Aufstand“ organisiert. Er mußte sich allerdings dann mit seinen Soldaten vor den Regierungstruppen in das schwer zugängliche Berggebiet an der Grenze von Hunan und Jiangxi zurückziehen. Während die Parteiführung Maos Vorgehen mißbilligte und er aus dem Politbüro ausgeschlossen wurde, fand seine Strategie der ländlichen Revolution innerhalb der Partei immer mehr Anhänger.

Für manche Parteiaktivisten der KPCh wurde der Untergrundkampf in China allerdings zeitweise durch Aufenthalte im Ausland, vor allem in der Sowjetunion unterbrochen, wo insbesondere die Sun Yatsen-Universität in Moskau als Ausbildungszentrum für chinesische Kommunisten diente. Dies stärkte die Gruppe der dem Komintern-Kurs folgenden „Internationalisten“ oder Bolschewisten, die 1931 auf dem 6. Plenum des Zentralkomitees der KPCh die Oberhand gewannen und später heftigen Angriffen von Seiten Mao Zedongs ausgesetzt waren. Nach ihrer Rückkehr nach China dienten sie in verschiedenen Funktionen und organisierten vor allem die kommunistischen Massenorganisationen wie die Jugendliga oder die Gewerkschaften. Der 18.-September-Zwischenfall im Jahre 1931, der den Beginn der japanischen Okkupation Nordostchinas markiert, brachte neue Impulse für die Propagandaabteilungen, die in den folgenden Jahren anti-japanische Parolen verbreiteten.

Das unbeirrte Verfolgen einer eigenen auf die chinesischen Landverhältnisse abgestellten Strategie bildete langfristig die Grundlage für den Erfolg Mao Zedongs. Sicherung einer territorialen Basis, das Prinzip der Selbstversorgung und der Aufbau einer militärischen Streitmacht für den Guerillakrieg waren die Prinzipien, nach denen 1929 unter Führung Mao

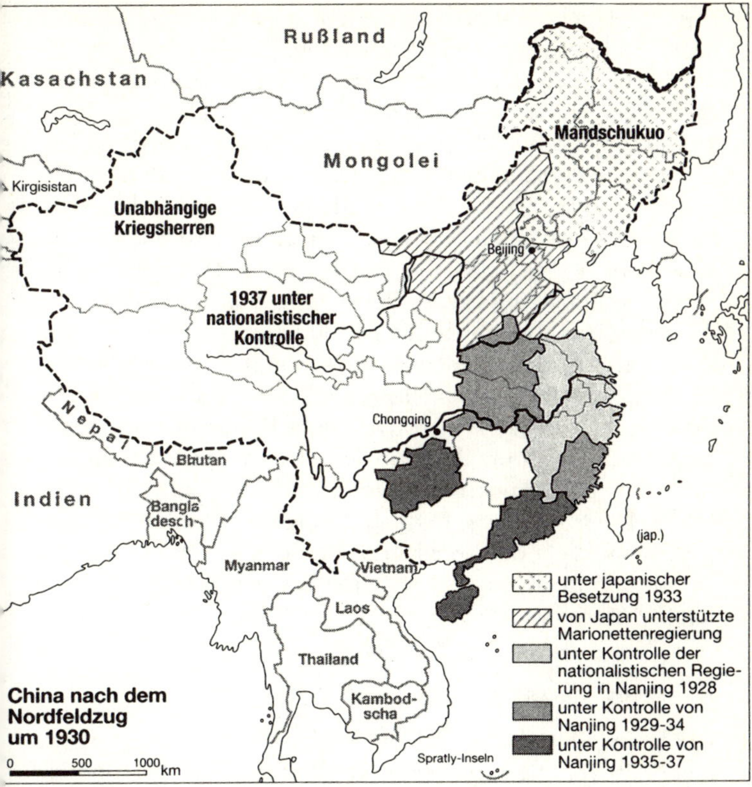

Die Erfolge bei der Einigung Chinas durch den Nordfeldzug Chiang Kaisheks der Jahre 1926–1928 wurden überlagert durch die Invasion Japans und die Eigeninteressen einzelner Kriegsherren. Daher konnte sich die GMD nicht durchsetzen, und die KPCh vermochte nach ihrem „Langen Marsch" im Nordwesten ein eigenes Sowjetgebiet zu gründen.

Zedongs der Jiangxi-Sowjet gegründet worden war. Das Zentrum der Kommunisten hatte sich ins ostchinesische Jiangxi zurückgezogen, mit Ruijin als Hauptstadt der Chinesischen Sowjetrepublik. Dort hatte sich eine bäuerliche Rätebewegung herausgebildet, auf deren Erfahrungen die kommunistische Bewegung später immer wieder zurückgreifen sollte. Im Oktober 1930 hatte die Nationalregierung den ersten von insgesamt fünf „Einkreisungs- und Vernichtungsfeldzügen“ gegen das zentrale Sowjetgebiet unternommen. Dieser Feldzug endete ebenso ergebnislos wie die nächsten beiden Feldzüge im Jahre 1931, denn die Rote Armee vermochte ihre zahlenmäßige Unterlegenheit durch hohe Beweglichkeit und die Vertrautheit mit ihrem Gelände auszugleichen. Mit Hilfe deutscher Militärberater, die 1927 in Chiang Kaisheks Armee an die Stelle sowjetischer Berater getreten waren, begann, von langer Hand vorbereitet, der fünfte und letzte Feldzug im Oktober 1933, bei dem die Zentralregierung mehr als 700 000 Mann mobilisierte. Ein Ring von Befestigungsanlagen wurde um das Sowjetgebiet gelegt und langsam zusammengezogen. Hermetisch von der Außenwelt abgeschlossen, wehrten sich die Kommunisten ein Jahr lang. Doch verstärkte Angriffe der GMD veranlaßten im Oktober 1934 die Führer der Dritten Armee, Yang Shangkun (1907–1998) und Peng Dehuai, die Jiangxi-Basis aufzugeben. Die Hauptmacht der Roten Armee begann gemeinsam mit der Partei- und Regierungsorganisation den legendär gewordenen Langen Marsch.

Der Lange Marsch

Der Lange Marsch, bei dem die Hauptkräfte der Roten Armee innerhalb von 12 Monaten, von Oktober 1934 bis Oktober 1935, elf Provinzen durchquert und etwa 12 500 km zurückgelegt hatten und bei dem von den ursprünglich 90 000 am Ende nur 7 000 Mann mit Mao Zedong in Nord-Shaanxi ankamen, dieser Lange Marsch war auch in politischer Hinsicht von überragender Bedeutung. Die KPCh hatte nicht nur bewiesen, daß sie der GMD standhalten konnte, sondern sie ging aus dem Langen Marsch zwar personell geschwächt, aber ideell gefestigt und geeint hervor. Der Lange Marsch wurde zu einem propagandistischen Erfolg, und die Helden dieser äußersten Anstrengungen blieben das folgende halbe Jahrhundert die bestimmenden politischen Gestalten in Chinas Politik. Allerdings verlief der Marsch nicht ohne innere Krisen und Konflikte über

Richtungsfragen. Als am 26. Juni 1935 Mao Zedong mit seinen Truppen auf Zhang Guotaos Armee in West-Sichuan traf, organisierten sich, während der Streit über die Fortsetzung des Marsches zunächst nicht gelöst werden konnte, die Truppen in zwei große Verbände von 30000 bzw. 40000 Männern und Frauen. Auf einer Sitzung am 12. September 1935 konnte sich dann die Gruppe um Mao Zedong durchsetzen, und im Oktober 1935 erreichten die Truppen an der Grenze zu Shaanxi und Gansu ein Gebiet, in dem sie bleiben konnten.

Bei den Machtauseinandersetzungen innerhalb der KPCh und bei den Linienkämpfen gelang es Mao Zedong, der zunächst eine Außenseiterposition vertreten hatte, erst während des Langen Marsches, sich durchzusetzen. Seit seiner Wahl zum Vorsitzenden des Zentralkomitees der Partei im Januar des Jahres 1935 durch die auf dem Marsch anwesenden Mitglieder des Politbüros blieb Mao Zedong – trotz gelegentlicher Anfechtungen und innerparteilicher Auseinandersetzungen – jedoch der unbestrittene Führer, dem China seither seine Stabilität und Einheit verdankt.

3. Die Bedrohung durch Japan

Die größte externe Bedrohung Chinas seit dem Beginn des 20. Jahrhunderts ging von Japan aus, das nach erfolgreicher erster interner Modernisierung während der Meiji-Zeit zunächst an den Rohstoffen in der Mandschurei, dann aber überhaupt an der Beherrschung Chinas interessiert war. Im Gegensatz zu China, das sich nach seinem Selbstverständnis als Zentrum der Kulturwelt betrachtet hatte, sah sich Japan als am Rande dieser Welt befindlich. Die daraus resultierende Bereitschaft, nach außen zu blicken und von außen zu lernen, war einer der Vorzüge Japans. Während das japanische Shogunat die politischen Entwicklungen in Europa bereits zu jener Zeit beobachtete, als es selbst offiziell eine „Abschließungspolitik" betrieb, war der chinesische Kaiserhof, ganz im Gegensatz zu der aktiven Außen- und Grenzsicherungspolitik früherer Jahrhunderte, in den ersten Jahrzehnten des 19. Jahrhunderts an

Außenpolitik praktisch überhaupt nicht interessiert. Diese Unterschiedlichkeit in der Wahrnehmung der Außenwelt ist als eine der entscheidenden Ursachen für den verzögerten Aufbruch Chinas anzusehen. In Japan war zudem durch die Wiedereinführung der Tennô-Herrschaft und durch die Steigerung von dessen Bedeutung eine nationale Integrationsfigur vorhanden, die es in China nicht gab, wo wegen der seit der Mitte des 19. Jahrhunderts verbreiteten anti-mandschurischen Stimmung die Institution des Kaisers als Integrationsfigur nicht zur Verfügung stand.

Mandschukuo – Marionettenstaat Japans

Der wirtschaftliche Erfolg Japans ist nicht zu trennen von seinen imperialen Bestrebungen. Diese zeigten sich besonders deutlich dann in den 30er Jahren des 20. Jahrhunderts, als die japanische Armee, nachdem sie sich der Mandschurei bereits bemächtigt hatte, auch Teile Nordchinas zu besetzen begann. Hierzu förderte sie die Unabhängigkeitsbewegung in Nordchina, aber auch Autonomiebestrebungen der Mongolen. Die von der japanischen Armee, deren Präsenz in Nordostchina aufgrund des Boxer-Protokolls von 1901 China hatte zugestehen müssen, geförderten Unabhängigkeitsbewegungen eines „Paradieses in Nordchina" und einer „Mongolei der Mongolen" blieben nicht ganz erfolglos. Insbesondere gelang es den Japanern im Jahre 1931, dem Kriegsherrn Zhang Xueliang (Jahrgang 1898) die Mandschurei zu entreißen und einen eigenen Vasallenstaat zu errichten. Nach dem „Zwischenfall von Mukden" (das heutige Shenyang) am 18. September 1931, einem vorgetäuschten Bombenanschlag auf die Südmandschurische Eisenbahn, hatten die auf der Liaodong-Halbinsel stationierten japanischen Truppen innerhalb weniger Wochen Nord-ost-China, die einstige Mandschurei, besetzt. Damit hatten sie nicht nur etwa ein Zehntel des chinesischen Territoriums an sich gebracht, sondern gerade jenes Gebiet mit den nach damaliger Kenntnis weitaus größten Eisenerz- und Ölvorkommen sowie mit reichhaltigen Kohlelagern. Während den Japanern 1932 ein erster Versuch Shanghai zu besetzen, infolge der Intervention einiger europäischer Mächte und der USA mißlungen war, erreichten sie die Gründung eines Marionettenstaates, des Kaiserreiches Mandschukuo mit Puyi, dem letzten Kaiser Chinas, an der Spitze, der im Mai 1934 offiziell als Herrscher von Mandschukuo inthronisiert wurde. Dieser Staat hatte eine eigene Flagge, eine Nationalhymne, eigene Streitkräfte und war von den Achsenmächten und einigen anderen Staaten, einschließlich des Vatikans, anerkannt worden. Erst im August des Jahres 1945 hörte der Staat Mandschukuo auf zu existieren, dessen Geschichte heute Gegenstand gemeinsamer chinesisch-japanischer Historikerkonferenzen ist.

Inzwischen hatte sich der Protest gegen die Annexionsbestrebungen der Japaner vor allem im Norden, aber auch im Westen so sehr ausgeweitet, daß der Druck auf Chiang Kaishek zur Aufnahme des Kampfes gegen Japan immer stärker wurde. Bis dahin hatte Chiang immer wieder gezögert, gegen die japanische Aggression energisch vorzugehen, und er hatte es immer noch vorgezogen, zuerst die sogenannte „kommunistische Gefahr" im eigenen Lande zu bannen, die er als die größere Bedrohung bezeichnete. Nach der Einnahme des benachbarten Jehol 1933 und der Japanisierung der Ostmandschurischen Eisenbahn 1934/35 beherrschte Japan Chinas Nordgrenze und den Nordosten, und das Interesse an weiterer Expansion war unübersehbar.

Die Bildung einer Einheitsfront

Die Etablierung einer anti-japanischen Einheitsfront und die Einleitung des Krieges gegen Japan im Juli 1937 offenbarten die Schwäche der Repräsentanten Chinas, insbesondere der Nankinger Regierung, und war doch, im Rückblick betrachtet, zugleich ein Schritt hin zur Erlangung der staatlichen Einheit. Das Regime der GMD, das trotz großer Truppenkontingente militärisch schwach war, zog sich zunächst aus Nanking flußaufwärts nach Sichuan zurück. Andererseits diente der Krieg gegen Japan der Stärkung einer chinesischen nationalen Identität und verschaffte vor allem den kommunistischen Kräften die Möglichkeit, sich bei weiten Kreisen der Bevölkerung als die besseren Patrioten zu empfehlen. Diese anti-japanische Prägung sollte noch über den Bürgerkrieg der Jahre 1945 bis 1949 hinaus fortwirken.

Denn es war die durch die Schwäche Chinas ausgelöste Begehrlichkeit und Aggressivität Japans, wodurch der nationale Selbstbehauptungswille Chinas schließlich nachhaltig gestärkt wurde. Für viele Chinesen war Japan seit der Meiji-Reform zum Vorbild und Modell geworden, gab es doch ein Beispiel dafür, daß auch ein asiatisches Land siegen konnte. Zugleich war Japan seit den letzten Jahren der Mandschu-Herrschaft zum Zufluchtsort für viele chinesische Intellektuelle geworden, die dort dann jedoch mit dem Umstand konfrontiert wurden, daß sich das China-Bild in Japan beträchtlich gewandelt hatte und traditionell gehegte Inferioritätsgefühle chauvinistischen Attitüden gewichen waren. Nach dem Ende des Chinesisch-japanischen Krieges, aus dem Japan siegreich hervorgegangen war, mußte immerhin China Taiwan (Formosa), die Pescadoren und die Halbinsel Liaodong an Japan abtreten.

Chiang Kaishek setzte auf die innere Konsolidierung gegen seine größten Rivalen, die Kommunisten, zog damit aber zugleich auch interne Kritik auf sich, denn erhebliche Teile seiner Truppen wollten nicht die innenpolitische Auseinandersetzung, sondern die Zurückdrängung der Japaner. Die Wende brachte der sogenannte Xi'an-Zwischenfall, bei dem Chiang Kaishek am 12. Dezember 1936 von Teilen seiner eigenen Truppen gefangengenommen worden war, die ihn dazu zwangen, in die Bildung einer Einheitsfront mit den Kommunisten zum Widerstand gegen Japan einzuwilligen. Nahezu ein Jahr später, am 22. September 1937, kam es dann nach langen Verhandlungen und eigentlich erst nach dem offenen Ausbruch des Chinesisch-japanischen Krieges nach dem Zwischenfall an der Marco-Polo-Brücke unweit Peking (7. Juli 1937) zur Bildung einer Einheitsfront. Den Weg hierzu hatte die Komintern in Moskau bereits im August 1935 geebnet, als sie Bündnisse zur Abwehr von Faschismus und Militarismus empfahl. Seit Anfang 1936 hatte daher auch die KPCh eine Allianz aller Parteien und Streitkräfte propagiert und sich damit in den Augen weiter Bevölkerungskreise als der eigentliche Sachwalter der nationalen Interessen profiliert.

Im Vergleich zu dem ersten Bündnis der beiden Parteien von 1924 bis 1927 war die KPCh jetzt in einer besseren Lage: sie hatte eine eigene Armee, sie kontrollierte eigene Gebiete und verfügte bereits über eine breite Massenbasis. Durch die Schaffung der Einheitsfront waren die Kommunisten zu einer eigenständigen Größe in der gesamtchinesischen Politik geworden und konnten sich nun zu einer echten Alternative entwickeln. Doch trotz gewisser Zugeständnisse an die Einheitsfront erhielt die GMD den Anspruch auf eine Einparteienherrschaft aufrecht und nahm etwa die Bekämpfung der Kommunisten im Jahre 1939 wieder auf, um deren territoriale Expansion und politische Aktivität einzudämmen. Ideologische Bekenntnisse und partikulare Machtinteressen waren offensichtlich wichtiger geblieben als die nationalen Interessen. Da die schlagkräftigeren Truppen der GMD gegen die Kommunisten eingesetzt wurden, mußte der Erfolg im Kampf gegen die japanischen Invasoren begrenzt bleiben. Ein Höhepunkt der antikommunistischen Aktionen war Ende 1940 die Vernichtung großer Teile der kommunistischen Neuen Vierten Armee, die als Partisanenarmee beiderseits des Yangzi in der Provinz Anhui operiert hatte.

4. Der Widerstandskrieg

Chinas Ringen um Rückgewinnung der Souveränität

Seit dem Bruch der ersten Einheitsfront von GMD und KPCh 1927 war die Beziehung zwischen der Nankinger Regierung einerseits und der UdSSR und der durch sie kontrollierten Komintern gespalten. Einmal hatte es in der Mandschurei und der Mongolei mit Wissen der Nankinger Regierung Übergriffe der dortigen Kriegsherren auf die Sowjetunion gegeben, zum anderen hatte die Republik China die sowjetischen Konsulate schließen lassen und im Juli 1929 die diplomatischen Beziehungen zu Moskau ganz abgebrochen. Doch nach den japanischen Angriffen war es rasch wieder zu einer Kontaktaufnahme gekommen, und 1937 wurde zwischen Moskau und Nanking ein Nichtangriffspakt geschlossen und die Lieferung von Waffen und Hilfsgütern vereinbart.

Gegenüber den Westmächten und den USA war die Haltung Nankings unproblematisch. Im Vordergrund der Beziehungen stand die Bemühung der Republik um Rückgewinnung der in den „Ungleichen Verträgen" verlorenen Souveränitätsrechte. Da solche Rückgaben insbesondere von den Briten an die Forderung nach einer modernen Gesetzgebung gebunden wurden, kam es bald zur Einführung einer neuen europäisch geprägten Rechtskodifizierung, was u.a. zur Übersetzung und weitgehenden inhaltlichen Übernahme deutschen Rechts führte. In zähen Verhandlungen konnte Nanking nach und nach die Aufhebung einstmals gewährter Konzessionen erreichen. Dieser Prozeß dauerte über eineinhalb Jahrzehnte und fand mit dem Wegfall der letzten Vorrechte der USA und Großbritanniens im Jahre 1943 einen Abschluß. Die Verständigung zwischen der Nankinger Regierung und den USA wie den Westmächten wurde dadurch begünstigt, daß ein großer Teil der Führungselite und die meisten Intellektuellen und Akademiker im Ausland studiert hatten oder doch ihre Ausbildung auf einem der von Amerikanern oder Europäern gegründeten christlichen Colleges oder einer der Missionsschulen erhalten hatten. Die Westorientierung sollte dann eine wichtige Rolle bei der Unterstützung der GMD-Truppen nicht nur gegen Japan, sondern nach dem Ende des Zweiten Weltkriegs gegen die kommunistischen Truppen spielen.

Der offene Krieg und das Massaker von Nanking

Der offene Krieg zwischen China und Japan hatte mit dem erwähnten Zwischenfall an der Marco-Polo-Brücke nahe Peking am 7. Juli 1937 begonnen und dauerte bis zum August 1945. Zu Kriegsbeginn befand sich die Nankinger Regierung bereits in einer Rückzugsposition in Chongqing, einer zentralen Stadt im westlichen Sichuan. Nordöstlich davon befanden sich die Kommunistischen Verbände in den „Befreiten Gebieten“ der Achten Feldarmee. Die großen Ebenen und die Küstengebiete Chinas im Nordosten, Osten und Südosten Chinas wurden zu Opfern der japanischen Invasions- und Besatzungstruppen, die jedoch nicht stark genug waren, die einmal besetzten Gebiete dauerhaft zu kontrollieren.

Die Einheitsfront blieb also schwach. Die Moral der GMD-Truppen war schlecht und deren Organisation vollkommen ungenügend, was sich auch bei der Invasion japanischer Truppen Ende 1937 von Shanghai aus in die Gebiete des Unteren Yangzi-Laufs zeigte und vor allem die Einnahme Nankings ermöglichte. Sieben Wochen lang, beginnend mit dem 13. Dezember 1937, wurde von japanischen Truppen eine ganze Stadt vergewaltigt und geschändet. Die Truppen verbreiteten Terror unvorstellbaren Ausmaßes in Nanking, Mord, Plünderung und Quälerei bis zum Exzeß, und es ist nur einer kleinen Gruppe ausländischer Ärzte und Missionare, darunter dem Deutschen John Rabe, zu verdanken, daß ein Teil der Bevölkerung überlebte. Ihre Unfähigkeit, erobertes Land zu halten und zu sichern, ohne die einheimische Bevölkerung auszulöschen, suchte die japanische Armeeführung später durch Einsetzung chinesischer Statthalter zu kompensieren, wie im Falle der im Jahre 1940 von Japan in Nanking eingesetzten Regierung unter Führung des einstigen Weggeführten Sun Yatsens Wang Jingwei.

Der antijapanische Kampf hatte nicht nur zur Mobilisierung weiter Teile der chinesischen Bevölkerung und damit zur Steigerung eines Nationalbewußtseins beigetragen, sondern hatte überhaupt erst die Grundlage für eine weitgehende Militarisierung Chinas geschaffen. Erst diese Mobilisierung und die dabei gewonnen Kampf- und Überlebenstechniken ermöglichten es dann während der Zeit des Bürgerkrieges den Verbänden der Kommunisten, gegen die von den Amerikanern unterstützen GMD-Truppen die Macht über das ganze Festland zu erringen.

Obwohl eigentlich aus dem Felde geschlagen, wurde die Nationalregierung doch durch die Alliierten, insbesondere durch die USA, weiter unterstützt. So konnten sich noch lange nach dem Ende des antijapanischen Krieges und über den folgenden Bürgerkrieg hinaus chinesische GMD Truppen in den Nachbarländern halten, die sich zum Teil dann anderen Aktivitäten, darunter dem Opiumhandel im als Goldenes Dreieck benannten Gebiet zwischen Birma, Thailand und Laos zuwandten.

IV. Jahre des Übergangs und das Ende des sowjetischen Vorbilds 1945–1960

1. Bürgerkrieg, Staatsgründung und die Republik auf Taiwan

Vermittlungsversuche

Am Ende des Zweiten Weltkrieges sah es überhaupt nicht danach aus, daß die kommunistische Bewegung in China Unterstützung von außen finden würde. Nicht nur die USA setzten auf Chiang Kaishek, sondern auch Stalin hatte im August 1945 mit Chinas Nationalregierung unter Chiang Kaishek einen Bündnisvertrag geschlossen, der Rußland zur Neutralität im chinesischen Bürgerkrieg zwischen Kommunisten und GMD verpflichtete. Insgeheim jedoch unterhielt die Sowjetunion hochrangige Kontakte mit der KP-Führung. Überhaupt waren die Konfrontationslinien nicht so scharf gezogen, wie es spätere Polemiken nahelegen mochten. So war etwa 14 Tage nach der Kapitulation der japanischen Armee am 14. August 1945 Mao Zedong zu einem persönlichen Treffen mit Chiang Kaishek nach Chongqing geflogen, wohin sich dieser mit seiner politischen Zentrale zurückgezogen hatte und wo Zhou Enlai als Leiter eines Verbindungsbüros der KPCh sich nahezu ständig aufhielt. Bereits seit 1942 hatte es zwischen Vertretern der GMD und der KPCh Verhandlungen über eine Beilegung des Gegensatzes zwischen beiden Parteien gegeben. Die Kommunisten forderten die Wiederherstellung der vollen Legalität für ihre Partei, die Anerkennung der befreiten Gebiete durch die Zentralregierung, Demokratisierung, eine Neubewertung der angewachsenen kommunistischen Armee und Zuteilungen aus der alliierten Waffenhilfe. Die Gegenseite machte alle Zugeständnisse abhängig von der wirksamen Unterstellung der kommunistischen Truppen unter das Kommando der Nationalregierung. Anfang 1945 hatte dann Mao Zedong offen die Abschaffung der GMD-Diktatur durch zwei Maßnahmen gefordert: Bildung einer provisorischen Koalitionsregierung und danach Einberufung einer Nationalversammlung sowie Schaffung einer regulären Koalitionsregierung.

Die Verhandlungen von Chongqing blieben ergebnislos. Die GMD-Regierung kehrte wieder nach Nanking zurück und versuchte, das ganze Land ihrer Kontrolle zu unterstellen. Doch war das Regime nicht in der Lage, sich durchzusetzen; nicht zuletzt, weil seine Vertreter weitgehend korrupt waren, und auch weil es ihm nicht gelang, die wirtschaftlichen Verhältnisse zu regeln und die Inflation wirksam zu bekämpfen. Als nach einer Reihe von militärischen Zusammenstößen Ende 1946 die KPCh einer von der GMD einberufenen verfassunggebenden Versammlung fernblieb, war die Möglichkeit einer politischen Einigung auf lange Zeit verspielt. Die GMD konnte sich mit von ihr eingeleiteten politischen Reformen nicht wirklich durchsetzen, auch wenn sie aus den Parlamentswahlen, die nach Inkraftsetzung einer neuen Verfassung der Republik zum Jahresbeginn 1947 stattfanden, als Siegerin hervorging. Es begann der Endkampf im Bürgerkrieg um die politische Macht in China, bei dem wiederum die GMD-Kräfte zunächst die Oberhand errangen, vor allem weil sie zahlenmäßig stärker waren und auch weil sie massiv von außen unterstützt wurden.

Der Siegeszug der Roten Armee

In der letzten Phase des Bürgerkrieges zeigte sich der politische und moralische Vorteil der Kommunisten. Die GMD-Truppen, disziplinlos und von der Bevölkerung gefürchtet, waren ohne einen Kampfauftrag, der für den einfachen Soldaten einsichtig gewesen wäre. Die Volksbefreiungsarmee dagegen rekrutierte sich aus der Bauernschaft, für die gerade eine neue Zeit anbrach. Sie kämpfte für die Bodenreform und die soziale Revolution und fand die Unterstützung der Bevölkerung. Im Laufe des Jahres 1948 gelang den Kommunisten die Eroberung der Mandschurei, und sie erlangten die Kontrolle über Nordchina, wobei ihnen jedoch auch die Unterstützung der Sowjetunion zu Hilfe kam, die der Roten Armee die Waffenbestände der Japaner überließ und die Anlandung von GMD-Flottenverbänden in Dalian verhinderten. Im April 1949 überschritt die Rote Armee den Yangzi auf breiter Front und hatte dabei hohe Menschenverluste zu beklagen. Am 24. April eroberte sie Nanking und am 27. Mai Shanghai. Während sich die Nankinger Nationalregierung auflöste, tagte in Peking, der „Nördlichen Hauptstadt", das die Nationalregierung nur „Peiping" nannte, um damit zum Ausdruck zu bringen, daß es nicht die Hauptstadt sei, im Juni 1949 der Vorbereitungsausschuß für die neue politische Konsultativkonferenz. Dieses Gremium tagte dann im September mit 662 Delegierten und verfaßte ein gemeinsames Programm, das zur provisorischen Verfassung der Zentralen Volksregierung wurde. Am 27. September wurde Peiping wieder in Peking umbenannt, und am 1. Oktober 1949 rief Mao Zedong als Vorsitzender der neuen Regierung die Volksrepublik aus.

Auch Stalin hatte 1948 einsehen müssen, daß die KPCh wohl den Sieg davontragen würde. Nach einem Besuch von Anastas Mikojan Ende 1948 in China kam es zu einem Gegenbesuch des großen Arbeiterführers und späteren Staatspräsidenten Liu Shaoqi (1898–1969) Ende Juni 1949. Bei dem Besuch Mikojans in China ging es auch um den Status der seit 1924 unabhängigen – bzw. faktisch unter russischem Protektorat stehenden – Äußeren Mongolei, eine Frage, die auch mit der GMD nicht hatte einvernehmlich geklärt werden können und die sogar noch 1954 bei dem Besuch Nikita Chruschtschows in Peking kontrovers blieb.

Zwar hatten die USA die GMD-Truppen in vielfältiger Weise unterstützt, doch hatten die Amerikaner wiederholt versucht, zuletzt durch die Entsendung von General George Marshall, die Wiederherstellung eines nationalen Bündnisses zwischen der KPCh und der GMD zu erreichen. Der kommunistischen Bewegung hingegen schien gerade die Propaganda zu nützen, wonach die GMD nichts als der „Lakai der USA" sei, die mit Hilfe der GMD China in eine amerikanische Kolonie verwandeln wolle. Die massive Unterstützung der übrigens auch sonst infolge von Führungsschwäche und fehlender Nähe zur Bevölkerung in Mißkredit geratenen GMD-Truppen durch die Amerikaner mußte in den Augen vieler Chinesen als Bestätigung dieser Behauptung dienen.

Die Staatsgründung 1949

Am 1. Oktober 1949 rief Mao Zedong auf dem Platz vor dem „Tor zum Himmlischen Frieden" vor einer begeisterten Volksmenge von 300 000 Menschen die Volksrepublik aus, die bereits einen Tag später von der UdSSR anerkannt wurde. Mao Zedong selbst fungierte als Staats- und Parteichef, Zhou Enlai als Regierungschef und Zhu De als einer der sechs Vizepräsidenten und Befehlshaber der Streitkräfte. Gestützt auf die Verwaltungs- und Regierungserfahrungen in den „Befreiten Gebieten" begannen sie mit dem Wiederaufbau und der sozialistischen Umgestaltung des Landes. Damit ging das Jahrhundert der chinesischen Revolution zu Ende, das je nach Sichtweise mit dem Opiumkrieg (1839–1842) oder mit dem Taiping-Aufstand begonnen hatte.

Mit der Ausrufung der Volksrepublik China am 1. Oktober 1949 war die Nankinger Nationalregierung mit ihrem Anspruch endgültig gescheitert, eine demokratische Revolution von oben durchzuführen; war sie doch selbst auch nie über die erste Phase des Stufenplans von Sun Yatsen, die Phase der Militärherrschaft bzw. der Vormundschaftsregierung, hinausgelangt und hatte sie doch auch außer dem Ziel der nationalen Größe alle sonstigen programmatischen Absichten wie Demokratisierung und gesellschaftliche Erneuerung nicht einmal in Ansätzen durchführen können. Gegen alle diese Versuche und trotz massiver Unterstützung der GMD durch ausländische Mächte hatte sich die kommunistische Bewegung als die erfolgreichere gezeigt.

Dabei ist es bemerkenswert, daß es zunächst nicht das erklärte Ziel aller die Kommunisten unterstützenden Kreise war, eine kommunistische Herrschaft nach dem Muster der Sowjetunion zu etablieren. Nicht nur, daß die Gemeinsamkeiten mit bestimmten programmatischen Punkten der GMD wirkliche programmatische Gegensätzlichkeiten nicht erkennen ließen, sondern die nationale Einheit und der Widerstand gegen die ausländischen Mächte waren die wichtigsten politischen Themen. Für diese Gemeinsamkeiten kann der „Demokratische Bund“ stehen, eine von zahlreichen Intellektuellen gestützte Partei, die das Konzept des „Dritten Weges“ zwischen GMD und KPCh vertrat und den Versuch unternahm, die chinesische Gesellschaft und den chinesischen Staat in Anlehnung an Leitbilder der westlichen Demokratie neu zu ordnen. Gerade jene Partei und ihre Entwicklung zeigt uns deutlich, daß die Gewinnung der Macht durch die Kommunisten kein von außen manipulierter Umsturz war, sondern eine von der breiten Masse der Bevölkerung getragene Umwälzung. Die volle Tragweite dieser Sachlage wird durch die Tatsache unterstrichen, daß selbst kosmopolitische und westlich orientierte Schichten die Revolution und zumindest anfänglich die Politik der „Neuen Demokratie“ Mao Zedongs mit Sympathie begleiteten.

Die Besetzung Taiwans

Taiwan, das seit dem ersten Chinesisch-japanischen Krieg 1894/95 japanische Kolonie war, erlebte mit der Besetzung durch die GMD-Truppen im Jahre 1945 ein Trauma. Die sich nun neu etablierende Regierung, die sich die Wiedergewinnung des Festlandes auf die Fahnen schrieb, hatte keine Verwendung für die bisherigen Eliten Taiwans, die zum großen Teil in Japan erzogen waren und selbst nicht mehr in der chinesischen intellektuellen Tradition standen. Das mit dem 28. Februar 1947 verknüpfte Massaker durch Polizei und Truppen der GMD in Taipei beendigte den Status der alten Eliten, denen im Zuge der Landreform in den 50er Jahren dann auch ihre wirtschaftlichen Grundlagen genommen wurden. Die unterschiedlichen Erfahrungen mit Japan auf seiten der Taiwanesen einerseits und auf seiten der Festlandchinesen andererseits sowie die Anlehnung an die USA als neue Schutzmacht erschwerten eine innere Konsolidierung in Taiwan. Die Folgen zeigen sich bis in die 90er Jahre etwa in den Kontroversen um die Frage nach einer Vereinigung mit dem Festland.

Solche Kontroversen waren jedoch seit dem Rückzug der Regierung der Republik China nach Taiwan im Dezember 1949 für die folgenden Jahrzehnte tabu. Dieser GMD-Regierung mit dem Generalissimus Chiang Kaishek an der Spitze, der erst am 1. März 1950 wieder das Präsidentenamt übernahm, waren etwa 2 Millionen Anhänger gefolgt. Die Republik China auf Taiwan verstand sich in den folgenden Jahrzehnten als die einzige gewählte Regierung Chinas und leitete daraus ihren Anspruch auf Alleinvertretung ab. Für die Bevölkerung auf Taiwan war dies eine Zeit der Diktatur, zugleich aber auch der Reformen. Das Programm, das die GMD für Gesamtchina nicht hatte realisieren können, verwirklichte sie – nicht zuletzt unter dem Druck der USA – in Taiwan, so daß dort nach dem Ende der Erziehungsdiktatur in den 80er Jahren ein Mehrparteiensystem entstand. Diese Ansätze zu einer Zivilgesellschaft in Taiwan sind daher inzwischen auch sein wirksamster Schutz vor einer gewaltsamen Integration in das Herrschaftssystem der Volksrepublik China, gegen die ansonsten die internationale Staatengemeinschaft mit Sicherheit keine militärischen Mittel mobilisieren würde.

2. „Neue Demokratie" und Proletarische Revolution

Von der Stadt das Land anleiten

Die Perspektive der unmittelbar bevorstehenden Machtübernahme und die damit verbundenen schweren Aufgaben hatten die KPCh zu einer engen Aktionsgemeinschaft zusammengeschweißt. Es war ironischerweise Mao Zedong, nicht Liu Shaoqi oder Deng Xiaoping, der sich zum Anwalt einer ausgesprochen pragmatischen politischen Generallinie machte. Auf dem entscheidenden Plenum des VII. Zentralkomitees vom März 1949 erklärte Mao Zedong die agrarrevolutionäre Phase der Bewegung für beendet: „Von 1927 bis jetzt lag der Schwerpunkt unserer Arbeit auf dem Lande; auf dem Lande sammelten wir Kraft, wir umzingelten die Städte vom Lande aus und nahmen sie dann ein. Die Periode, in der wir eine solche Arbeitsmethode anwandten, ist nun bereits abgeschlossen. Jetzt beginnt die Periode, von der Stadt aufs Land, von der Stadt aus das Land anleiten'. Der Schwerpunkt der Parteiarbeit verlagert sich vom Lande in die Stadt" (Ausgewählte Werke 4, 386). Die KPCh mußte demnach alles daran setzen, die von Krieg, Bürgerkrieg und Inflation stark angeschlagene urbane Wirtschaft so schnell wie möglich wieder zu normalisieren. Dem Zeitgeist der „neuen demokratischen Periode" entsprechend gründete man die junge Volksrepublik auf eine „Viererkoalition", die nicht nur aus Arbeiterschaft, Bauern und Kleinbürgertum, sondern auch aus den Angehörigen der nationalen Bourgeoisie bestand. Das war die „Neue Demokratie".

Doch bald schon merkten einige, nicht zuletzt Mao Zedong selbst, daß sich im Verlauf des wirtschaftlichen Aufbaus und der politischen Konsolidierung ein riesiger Partei- und Kaderapparat herausbildete, der die überkommenen Yan'an-Ansätze der partizipatorischen, zugleich aber zentralistisch gelenkten Massendemokratie immer mehr in den Hintergrund drängte. Es wurde zusehends deutlicher, daß die Revolution langfristig nur erfolgreich bleiben würde, wenn es gelänge, den alten Kreislauf zu durchbrechen und die Wiederaufrichtung einer Eliteherrschaft zu verhindern. Es kam also darauf an, daß die Bewegung die Menschen erreichte und jeder einzelne ebenso wie die Masse des Volkes die große Aufgabe der chinesischen Zukunft zu seinem ureigensten Anliegen machte. Die Mitgliederzahlen der KPCh, die von 3 Millionen im Jahre 1948 auf 13 Millionen im Jahre 1960 und 35 Millionen im Jahre 1977 anwuchsen (1994: 54 Mio.), schienen zwar eine Entwicklung in diese Richtung zu bestätigen, doch wurden politische Kämpfe auch mit dem Mittel der „Parteisäuberung" ausgefochten, und vor allem blieb immer offen, inwiefern nicht vorwiegend persönliche Interessen zum Parteieintritt geführt hatten.

Kampf zweier Linien

Zur Zeit des 8. Parteitages im September 1956 brach der Kampf zweier Linien offen aus. Die eine Seite, vertreten durch Liu Shaoqi, sah die Hauptschwierigkeiten in der wirtschaftlichen Rückständigkeit begründet, während die andere von Mao Zedong vertretene Seite zwar auch der Wirtschaft eine wichtige Rolle zusprach, das Hauptproblem aber in der Beziehung zwischen Partei und Volk sah. Doch die Position Mao Zedongs, welcher Aktivismus, lebenslange Lernbereitschaft, uneigennützige Hingabe an die Gemeinschaft, Bereitschaft zum Konsumverzicht und Einheit mit den „Massen" als Leitorientierungen propagierte, fand zunächst in der Partei keine ausreichende Mehrheit, auch wenn es bereits Erfahrungen mit Massenmobilisierungen in der Anfangsphase der Zeit der Volksrepublik gegeben hatte; so bei der Bodenreform in den Jahren von 1949 bis 1952 sowie bei der Genossenschaftsbewegung in den Jahren 1951 bis 1956.

Nationale Neuordnung

Im Zentrum der Aufmerksamkeit der Staats- und Parteiführung der neu gegründeten Volksrepublik stand zunächst die wirtschaftliche Entwicklung. Die Frage war nur, wie die damit einhergehenden Anforderungen und Belastungen der Bevölkerung und der vorläufige Verzicht auf das Erreichen lang angestrebter Ziele miteinander in Einklang zu bringen seien. Streit über den richtigen Weg hatte es im kommunistischen Lager seit Anbeginn gegeben, und dieser Streit hörte nicht auf, sondern spielte sich nur auf anderen Foren ab, seit die KPCh die Macht in China an sich gezogen hatte. Die Konflikte waren Ende der 50er Jahre und in den 60er Jahren besonders heftig, wohingegen später die kürzere Ära Deng Xiaopings von 1978 bzw. 1980 bis 1997 vergleichsweise von großer Einmütigkeit gekennzeichnet war. Bei näherer Betrachtung wird man daher die Ära Mao Zedongs auch weiter differenzieren und eine erste Konsolidierungsphase unterscheiden, bei der vor allem in der

Zeit zwischen 1953 und 1957 die Nachahmung des sowjetischen Vorbildes, das heißt die vorrangige Entwicklung der Schwerindustrie, im Vordergrund stand.

Innenpolitisch hatte man bezeichnenderweise zunächst an der Kernzelle der chinesischen Gesellschaft angesetzt und bereits im Jahre 1950 ein neues Ehegesetz verabschiedet, das der Frau innerhalb wie außerhalb der Familie einen gleichberechtigten Status zuschrieb. Zugleich aber diente diese Gesetzgebung dazu, die Rolle der Familien gegenüber dem Einfluß der Partei zu relativieren. Daneben wurde ein Agrarreformgesetz erlassen, demzufolge fast die Hälfte der landwirtschaftlichen Nutzfläche in den Besitz von 120 Millionen Kleinbauern überging, begleitet von einer haßerfüllten Hetze gegen die Großgrundbesitzer. Auf diese Weise wurden die Großgrundbesitzer weitgehend enteignet. Die Erfolge während des Ersten Fünfjahresplans (1953–1957) waren beeindruckend. Die Industrieproduktion wuchs jährlich im Durchschnitt um 18 Prozent und die der Landwirtschaft um 4,5 Prozent. Doch alle Nachteile zentralistischer Planwirtschaft, Bürokratisierung und Ineffizienz, blieben ebenfalls nicht aus, und diese Nachteile trugen zur Entfachung des innerparteilichen Machtkonflikts über die Grundlagen der ökonomischen Entwicklungsstrategie der VR China bei.

Mit der im Mai 1953 verkündeten „Generallinie des Übergangs zum Sozialismus" wurde die Rolle der KPCh als der zentralen Instanz für alle Bereiche der Wirtschaft und der Politik festgeschrieben, was dann in der Verfassung von 1954 bekräftigt wurde. In dieser Verfassung wurde auch die Gliederung des Staatsraumes neu definiert. An die Stelle der 1949 gebildeten 6 Verwaltungsgroßregionen traten nun 21 Provinzen, 5 Autonome Regionen und drei Regierungsunmittelbare Städte. Inzwischen sind es (im Jahre 1999) 23 Provinzen (einschließlich Taiwan), 5 Autonome Regionen, 4 Großstadtgebiete mit Provinzstatus und 147 territoriale Einheiten mit regionaler Autonomie.

3. Großer Sprung und große Hungersnot

Hundert-Blumen-Bewegung und Kampagne gegen Rechtsabweichler

Es war auch ein Ausdruck der Abwendung von dem sowjetischen Entwicklungsmodell seit Mitte der 50er Jahre, daß die Parteiführung mit der Politik der „Drei Roten Banner" einen neuen revolutionären Anlauf versuchte. Kollektivierung und Massenmobilisierung wurden auf die Fahnen geschrieben. Nicht mehr materielle Anreize, sondern revolutionärer Elan, nicht mehr die Verhältnisse, sondern das „richtige" Bewußtsein sollten die Entwicklung in China vorantreiben. Die Abwendung von der sowjetischen Politik leitete Mao Zedong im April 1956 mit seiner Rede über die „Zehn Großen Beziehungen" ein. Die Mobilisierung der Intelligenz, insbesondere der Studenten und der Wissenschaftler, leitete die „Hundert-Blumen-Bewegung" ein, so genannt nach der Rede Mao Zedongs, die er im Mai 1957 unter der Überschrift „Laßt hundert Blumen blühen, laßt hundert Gedankenschulen miteinander wetteifern" gehalten hatte. Zuvor, im Februar 1957, hatte er eine Rede über „Die richtige Behandlung der Widersprüche im Volk" gehalten, die auch eine Reaktion auf den Ungarnaufstand war. Die folgende Kritik der Intellektuellen an Partei und Staat richtete sich gegen einzelne Führer der KPCh sowie gegen das sozialistische System, worauf die Partei mit einer „Kampagne gegen Rechtsabweichler" reagierte. Manche Beobachter gingen sogar soweit zu vermuten, daß Mao Zedong zur Kritik bereits in der Absicht aufgerufen habe, die Kritiker zu ermitteln und mundtot zu machen. Im Zuge dieser harten Repressionsmaßnahmen, die bis zum Frühjahr 1958 dauerten, wurden etwa 400 Intellektuelle als „Feinde des Sozialismus" hingerichtet und mehr als eine halbe Million Menschen in Arbeitslager deportiert.

Einrichtung der Volkskommunen

Die endgültige Abwendung vom sowjetischen Wirtschaftsmodell wurde nach langen innerparteilichen Kämpfen im Jahre 1958 ins Werk gesetzt. In einem „Großen Sprung nach vorn" sollten die Produktivität der Landwirtschaft gesteigert und der Weg zur endgültigen kommunistischen Gesellschaft beschleunigt werden. Die sogenannten „Volkskommunen" (*renmin gongshe*) wurden errichtet, in denen 99 Prozent der ländlichen Bevölkerung zusammengefaßt waren. Zur Bildung dieser Volkskommunen wurden 740000 Kooperative in 26000 Kommunen vereinigt. Dies waren nach militärischen Prinzipien organisierte Großkollektive, die das gesamte Leben ihrer Mitglieder regelten. Landwirtschaft und Schwerindustrie sollten gleichzeitig landesweit vorangetrieben werden, und jede Volkskommune baute einen eigenen Hochofen zur Eisenverhüttung. Diese „Produktionsschlacht" führte nicht nur zu einer Überlastung der Bevölkerung, sondern nach kurzer Zeit auch zu einem Produktionsrückgang in Landwirtschaft und Industrie. Naturkatastrophen und Planungsfehler führten bald zu einer drastischen Unterversorgung, so daß in den folgenden „drei bitteren Jahren" (1960–1962) etwa 30 Millionen Menschen an den Folgen von Hunger starben.

Freilich muß die Politik des Großen Sprungs auch im Kontext der internationalen Politik gesehen werden sowie vor dem Hintergrund der Koexistenzbestrebungen zwischen Rußland und den USA. Mit der Parole „Nieder mit den neuen Zaren" wandte sich China bald gegen diese Bestrebungen Rußlands, das sich gegenüber den USA so verhalte, als legten „die Amerikaner das Metzgermesser aus der Hand und würden zu Buddhas", wie die Parteizeitung „Rote Fahne" nach dem Treffen Mao Zedongs mit Nikita Chruschtschow nach dessen Amerika-Besuch 1959 am Flughafen in Peking bemerkte.

Da an die Stelle der verordneten „revolutionären Begeisterung" Eiferertum und Unduldsamkeit der Kader traten, sich in manchen Fällen auch einfach schiere Korruptionsbereitschaft zeigte, reagierte die Bevölkerung auf solche Massenkampagnen mit passivem Widerstand, zumal im Gefolge radikaler Fehlentwicklungen Mangel und Versorgungsengpässe in weiten Teilen des Landes auftraten. Das Ansehen von Staat und Partei war daher im Verlaufe des sogenannten „Großen Sprungs nach vorn" auf einen seit 1949 nicht dagewesenen Tiefpunkt gesunken.

Konsolidierung

Im Zuge einer unter der Führung des damaligen Staatspräsidenten Liu Shaoqi stehenden „Konsolidierungsbewegung" wurde ein Notstandsprogramm angenommen, das im Zeichen der „Theorie der Produktivkräfte" stand. Das Land müsse alle Möglichkeiten und Kräfte nutzen, um seine wirtschaftliche Rückständigkeit zu überwinden. Bereits im August 1959 waren einige Mitglieder aus der Parteiführung gegen Mao Zedong aufgetreten und hatten seine Politik kritisiert, allen voran der Verteidigungsminister Peng Dehuai (1898–1974). Doch erst nachdem sich das Desaster des „Großen Sprungs" weder leugnen noch abwenden ließ, setzte sich Liu Shaoqis „Konsolidierungsbewegung" durch. Es kam zu einer Wiederbelebung „materieller Anreize" in Form von ländlichen Privatparzellen und bedingt freien Märkten. Mit Hilfe dieser Maßnahmen konnte sich das Land bis 1963–1964 von der wirtschaftlichen Notlage einigermaßen erholen.

Für Mao Zedong wiederum war die offizielle Anerkennung solcher rein fachlich bezogener Maßstäbe ein Beweis dafür, daß eine Vielzahl seiner einstigen Mitkämpfer „die Farbe gewechselt" hatte und daß sie zu Vertretern einer neuen Bourgeoisie geworden waren. Unter seiner Führung setzte eine Gegenbewegung ein, die der neuen Politik einen „revisionistischen", das heißt vom revolutionären Kurs abweichenden Charakter vorwarf. Diese Gegenbewegung, die schließlich in die „Große Proletarische Kulturrevolution" mündete, sollte nach dem Willen ihrer Befürworter entscheidend für das zukünftige Schicksal Chinas sein. Sie führte zur Ausschaltung der Liu-Fraktion und zu einer jahrelangen landesweiten Kritik ihrer „revisionistischen" Lehren.

4. Chinas Nordgrenze und die Tibetfrage

Die Beziehungen zu Rußland

In den frühen 50er Jahren, als die Zusammenarbeit zwischen der Sowjetunion und China besonders eng war, wurde gerne die Tradition der friedlichen Beziehungen zwischen Rußland und China hervorgehoben. Begonnen hatte diese intensive Beziehung mit dem Freundschafts- und Beistandsvertrag zwischen dem Kreml und der kommunistischen Regierung unter Mao Zedong im Februar 1950. Tatsächlich hatte es seit dem Frieden von Nertschinsk im Jahre 1689, wenn man von den gewaltsamen russischen Besetzungen des Ili-Gebietes 1871 und der Mandschurei 1900 absieht, keine kriegerischen Auseinandersetzungen zwischen China und Rußland mehr gegeben, doch blieben die seit zwei Jahrtausenden andauernden Auseinandersetzungen mit Völkern an der Nordgrenze in Erinnerung. Daran gemahnte auch die Große Mauer, die freilich seit den großen Eroberungen der Mandschu im 17. und 18. Jahrhundert innerhalb Chinas liegt und eigentlich keine Grenze mehr markiert, auch wenn sie in der 90er Jahren des 20. Jahrhunderts wieder zum Symbol nationaler Selbstbehauptung und Identität stilisiert wurde.

Noch die Auseinandersetzungen um den Grenzverlauf am Amur in den 60er und 70er Jahren des 20. Jahrhunderts waren eine Folge des 1860 von den Kolonialmächten, nicht zuletzt von russischer Seite den Chinesen aufgedrängten „ungleichen Vertrages“, nach dem etwa auch die chinesische Stadt Haishenwai, in der sich russische Kolonisten niedergelassen hatten, in Wladiwostok umbenannt wurde. Die Grenzverhältnisse in der Mandschurei sind erst im Frühjahr 1999 geregelt worden. Zu den nach dem Zusammenbruch der Sowjetunion sich neu bildenden Staaten im Nordwesten suchte China schnell Kontakt, auch um zu verhindern, daß sich unkontrollierte Beziehungen zwischen den nichtchinesischen Bevölkerungsteilen innerhalb der eigenen Grenzen und den neuen Staaten entwickeln.

Machtkonflikte um Tibet und die Rolle des Dalai Lama

Eine der großen Minderheitengruppen innerhalb Chinas bilden seit längerem die Tibeter, deren Ruf nach kultureller Integrität und politischer Eigenständigkeit bis in die Gegenwart international große Sympathie erfährt. Mit immer stärkerer Hand hatte bereits die Mandschu-Regierung ihren Machtansprüchen in Tibet Geltung zu verschaffen gesucht, so daß Tibet schließlich am Ende des 18. Jahrhunderts „im festen Griff der mandschurisch-chinesischen Imperialmacht" (S. Dabringhaus) war. Nach dem Höhepunkt der chinesischen Stellung in Tibet um 1800 war das Interesse und Engagement Chinas an Tibet wieder gesunken, woran sich ablesen läßt, daß die mandschurisch-chinesischen Tibet-Interessen nur indirekter Natur waren. Erst der stärkere britische Zugriff auf Tibet im 19. Jahrhundert und zu Beginn des 20. Jahrhunderts rief Widerstände auf chinesischer Seite hervor. In manchen Punkten aber hatte sich China auch über Tibet hinweg mit England über einige territoriale Fragen geeinigt, als es etwa 1890 Sikkim, ursprünglich ein Vasallenstaat Lhasas, in einer chinesisch-britischen Konvention zum britischen Protektorat erklärte – eine Regelung, der die Regierung Tibets ebensowenig zustimmte wie dem Chinesisch-britischen Vertrag von 1893 über den Indien-Tibet-Handel. Der 1895 in sein Amt eingeführte 13. Dalai Lama (1876–1933) pflegte enge Kontakte mit Vertretern des Zaren in St. Petersburg, wogegen sich der Vertreter Chinas zu wehren versuchte. Als Reaktion auf den wachsenden russischen Einfluß in Lhasa entschloß sich der damalige englische Vizekönig von Indien, Lord Curzon, militärisch gegen Tibet vorzugehen. 1903/1904 fand die sog. Younghusband-Expedition gegen Lhasa statt, mit dem erklärten Ziel, Tibet zur Anerkennung der Abmachungen zwischen England und China von 1893 zu zwingen, was auch gelang, allerdings ohne Beteiligung des Dalai Lama, der in die Äußere Mongolei geflüchtet war. Diese Gelegenheit suchte die Qing-Regierung in Peking zu nutzen, indem sie den 9. Panchen Lama (1883–1937) zum Regenten über Tibet erklärte, der zunächst ablehnte, dann aber doch während der Exilzeit des

Dalai Lama faktisch die Regentschaft innehatte, seinerseits dann aber im Jahr 1923 vom Dalai Lama ins Exil geschickt wurde.

Der östliche Teil Tibets wurde nunmehr von Sichuan aus reorganisiert, und der Dalai Lama wurde gezwungen, bei seiner Rückkehr 1908 aus der Mongolei über Peking zu reisen und der Kaiserinwitwe Cixi seine Reverenz zu erweisen. Bereits 1912, nach dem Zusammenbruch des chinesischen Kaiserreiches, konnte der Dalai Lama nach Lhasa zurückkehren und die Unabhängigkeit Tibets proklamieren. Yuan Shikai aber, der Präsident der neuen Republik China, hielt in einer Erklärung am 12. April 1912 fest, daß Tibet, Xinjiang und die Mongolei als feste Bestandteile der Republik China anzusehen seien.

Kurz zuvor, nämlich bereits 1911, hatte eine unter russischem Einfluß stehende fortschrittliche Unabhängigkeitsbewegung in der Äußeren Mongolei einen eigenen Staat ausrufen können. Damit wurde die schon länger bestehende de-facto-Teilung der mongolischen Völker besiegelt. Eine pan-mongolische Nationalbewegung indessen lag weder im Interesse Chinas noch im Interesse des zaristischen Rußland – und dies ist bis heute so geblieben. Statt dessen hatte Rußland mit den Mongolen und den Chinesen eigene Verträge geschlossen und seit 1907 mit Japan in verschiedenen Geheimverträgen die Aufteilung der Mongolei in Interessensphären beschlossen. Die Teilung der Mongolei wurde in einer chinesisch-russischen Deklaration von 1913 besiegelt. Diesem Vorbild folgend bemühte sich Großbritannien 1913 und 1914 in der Konferenz von Simla, auch Tibet in ein Inneres und ein Äußeres Tibet aufzuteilen. Die dort getroffene Vereinbarung, wonach das Äußere Tibet unabhängig sein sollte, wurde von China nicht anerkannt.

Dem 13. Dalai Lama gelang es, den Einfluß Chinas weitgehend zurückzudrängen, doch vermochte er es nicht, den Status Tibets international abzusichern. Hierbei spielten die besonderen Interessenlagen Englands, Rußlands und Chinas ebenso eine Rolle wie die Rolle des Panchen Lama, der sich wiederholt gegenüber China anbiederte. Schließlich blieb dem Dalai Lama nichts anderes übrig, als die besonderen Beziehungen zwischen Tibet und China anzuerkennen, was nicht verhinderte, daß es immer wieder auch zu bewaffneten Konflikten zwischen chinesischen und tibetischen Truppen kam. Als nach dem Tod des Dalai Lama am 17. Dezember 1933 Ra-dreng Hutukhtu zum Herrscher Tibets gewählt wurde, bat er um seine Bestätigung durch die Regierung in Nanking.

Die Flucht des 14. Dalai Lama

Im Jahre 1950 waren zwar chinesische Truppen in Tibet eingefallen, doch hatte China im Jahre 1951 Tibet vertraglich Unabhängigkeit zugesichert und die Rechte des Dalai Lama anerkannt. China erhielt danach das Recht, Garnisonen zu errichten und das Land außenpolitisch zu vertreten. Als nach dem Scheitern der Einrichtung von Volkskommunen in Tibet die Regierung in Peking ein „Vorbereitendes Komitee für die Autonome Region Tibet" einsetzte und seine Volkskommunen-Politik weiterhin verfolgte, kam es am 10. März 1959 zu einem Aufstand, bei dem Tibet seine Unabhängigkeit erklärte. Der Aufstand wurde in wenigen Tagen von den chinesischen Verbänden niedergeschlagen, und der Dalai Lama floh am 17. März 1959 nach Indien. Seither gibt es nicht nur immer wieder aufflammende separatistische Aktionen in Tibet, sondern weite Teile der tibetischen Bevölkerung fühlen sich durch die chinesische Kulturpolitik einer Überfremdung ausgeliefert. Im Jahre 1988 etwa hatten Studenten in Lhasa dagegen demonstriert, daß an ihrer Universität nur in Chinesisch gelehrt werde. Die Pekinger Regierung hatte insbesondere nach Unruhen in Tibet – für die Zeit zwischen Oktober 1987 bis März 1989 hatte die Militärverwaltung 21 Unruhen mit 600 Opfern bekanntgegeben – immer wieder eine Politik der Beschwichtigung verfolgt, zugleich aber auch regelmäßig den Ausnahmezustand über Lhasa verhängt, mit dem Hinweis auf zu befürchtende separatistische Unruhen. Wiederholt wurde bekräftigt, daß es für das „von China friedlich befreite" Tibet keine Unabhängigkeit, auch keine halbe Unabhängigkeit geben könne, wie in dem am 21. September 1992 veröffentlichen Weißbuch mit dem Titel „Souveränitätszugehörigkeit Tibets und seine Menschenrechtssituation“ unmißverständlich dargelegt wird. Bis heute ist kein Ende der Feindseligkeiten abzusehen. In regelmäßigen Abständen werden neue Vorschläge zur Beilegung des Konfliktes vorgetragen, wie im März 1995, anläßlich des 36. Jahrestages des Aufstandes von 1959, als der Dalai Lama vorschlug, unter den Exiltibetern eine Abstimmung stattfinden zu lassen, ob „die Forderung nach Wiederherstellung der Unabhängigkeit Tibets durch die Forderung nach Autonomie innerhalb des chinesischen Staatsverbandes ersetzt werden soll“.

V. Chinas wechselnde Identitäten und die fünfte Modernisierung (ab 1960)

1. Mao Zedong und die Kulturrevolution

Als in der Nacht vom 8. auf den 9. September 1976 Mao Zedong starb, jener Mann, der nicht nur für viele Chinesen, sondern auch für die übrige Welt zur Inkarnation Chinas geworden war, ging für China eine Epoche zu Ende. Mit dem Namen Mao ist Chinas Aufstieg zur Weltmacht verbunden. Auch wenn seit dem Ende der 80er Jahre öffentlich diskutiert werden kann, welche Fehler und Versäumnisse ihm zuzurechnen sind, auch wenn mit seinem Namen viele Millionen Opfer verknüpft sind, steht China doch bis heute im Schatten seines Ruhms. Im Ausland trat unter allen Facetten dieser vielschichtigen Gestalt am deutlichsten die Etikettierung Maos als „Chinas letzter Kaiser" oder als „Chinas neuer Kaiser" hervor, ein Bild, das von manchen chinesischen Dissidenten und Exilchinesen bekräftigt wurde.

Die Große Proletarische Kulturrevolution

Das Scheitern des „Großen Sprungs" (1958–1961), gekennzeichnet durch eine der größten Hungerkatastrophen der Neuzeit, erwies sich als Glück für die liberalen Intellektuellen und ließ Mao Zedongs Stern dann doch nur vorübergehend sinken. Zunächst allerdings hatte Mao Zedong im April 1959 als Staatspräsident zurücktreten müssen und war durch Liu Shaoqi ersetzt worden. Die Auseinandersetzung über den Großen Sprung prägte das politische und intellektuelle Klima der folgenden Jahre. Eng verbunden mit einem der Kritiker, Deng Tuo, war der Historiker und (von 1949 bis 1966) Vizebürgermeister von Peking Wu Han. Während er bis 1949 seine Publikationen zur Ming-Zeit dazu benutzte, die GMD und Chiang Kaishek zu kritisieren, diente ihm nun ein Beamter der Ming-Zeit namens Hai Rui (1513–1587) zur Kritik an Mao Zedong. Die Bedeutung, die der Figur Hai Ruis zukam, gründete vor allem in der bodenlosen Ernüchterung über das Mißlingen des Großen Sprungs. Am 16. Juni 1959 erschien eine Throneingabe Hai Ruis an den Jiaqing-Kaiser aus dem Jahre 1566 in umgangssprachlicher Übersetzung, in der Hai Rui den Kaiser wegen seiner früheren Leistungen lobt, aber wegen seiner neuen Politik heftig kritisiert. Als Peng Dehuai, der Verteidigungsminister, wegen seiner auf der legendären Lushan-Konferenz im Juli 1959 geäußerten Kritik an der Politik des Großen Sprungs entlassen wurde, ermutigte Hu Qiaomu (1912–1992), Propagandist der KPCh und späterer Herausgeber der „Ausgewählten Werke Mao Zedongs", Wu Han, mehr über Hai Rui zu schreiben. So verfaßte dieser im Jahre 1961 sein Theaterstück „Hai Rui wird aus dem Amt entlassen" (*Hai Rui baguan*), das dann – 1965 – zum Auslöser der Kulturrevolution werden sollte.

Rote Garden und Permanente Revolution

Im Frühsommer 1966 begann Mao Zedong, nachdem er sich der Unterstützung der Armee unter der Führung Lin Biaos (1907–1971) versichert hatte, die Kulturrevolution, um seine eigene Machtposition innerhalb der Partei zu stärken. Als Vorwand diente ihm das Argument, er wolle die Partei säubern und von bürokratischen Fehlentwicklungen befreien. Dabei bediente sich Mao Zedong besonders der Jugend, die sich in „Roten Garden" organisierte. Nachdem Schulen und Universitäten im Sommer 1966 geschlossen worden waren – manche Schulen und Ausbildungsstätten blieben über Jahre geschlossen –, damit sich Schüler und Studenten an der Kulturrevolution beteiligen könnten, gab es eine Massenmobilisierung und zum Teil einen geradezu grotesken Terrorismus junger Kader gegen die bisherigen Entscheidungsträger und Repräsentanten. Zugleich ermöglichten die Aufbruchstimmung und der revolutionäre Elan auch die Freisetzung von Utopien und Freiheitsvorstellungen, die nicht ohne langfristige Folgen für die chinesische Gesellschaft insgesamt blieben. Denn erstmals wurde in großem Stil der Widerstand gegen traditionale Autoritäten,

Lehrer, Eltern und Schwiegermütter, eingeübt, da sich alles an der Partei und deren großem Führer, der Person Mao Zedongs, orientieren mußte. Die permanente, ununterbrochene (*buduan*) Revolution sollte die Revolution unsterblich machen und führte nicht nur zu einem Machbarkeitswahn, sondern zu einer nachhaltigen Zerstörung alles Individuellen. Die Verletzungen und die biographischen Brüche bis hin zu den körperlichen und seelischen Qualen, die viele Chinesen während dieser Phase erlitten haben, sind wohl mit verantwortlich für die Ellenbogenmentalität und die Politikverdrossenheit der folgenden Jahrzehnte.

Natürlich war die Kulturrevolution ein Machtkampf, was auch in der Entmachtung eines der langjährigen Vize-Ministerpräsidenten, des Politbüromitglieds Deng Xiaoping, zum Ausdruck kam. Vor allem aber schloß sich das Land gegenüber dem Ausland ab und wurde daher in den nächsten Jahren auch von außen als „hinter einem Bambusvorhang" wahrgenommen und dargestellt. Versuche, die Kulturrevolution auf weitere Kreise der Bevölkerung, insbesondere die Arbeiterschaft auszudehnen, riefen Widerstand hervor und führten zu Streiks. Das zur Unterstützung der Kulturrevolution mit einbezogene Militär wurde jedoch bereits alsbald zur Kontrolle und zur Eindämmung der Roten Garden eingesetzt. Dennoch blieb das Land in Bewegung, und im Jahre 1968 löste der Aufruf Mao Zedongs an die Jugendlichen, „von den Massen zu lernen", eine „aufs-Land-Bewegung" (*xiafang*) aus, bei der etwa 15 Millionen Jugendliche zum Einsatz in der Landwirtschaft gebracht wurden, von denen vielen die Hoffnung auf Heimkehr durch Paßentzug genommen wurde. Zur gleichen Zeit wurde Liu Shaoqi, der ebenso wie eine Reihe anderer Politiker bereits seit 1966 öffentlich als Revisionist und „Verfolger eines kapitalistischen Weges" kritisiert worden war, seines Amtes als Staatspräsident sowie aller anderen Ämter enthoben.

Nach dem 9. Parteitag im April 1969 kam es dann unter der Führung Zhou Enlais zu einer allmählichen Kursänderung. Sichtbares Zeichen dieser Gegenbewegung war der Sturz Lin Biaos 1971, der die Kulturrevolution zuvor noch ins Extreme gesteigert hatte und der im Jahr seines Sturzes bei einem mysteriösen Flugzeugabsturz über der Mongolei ums Leben kam. Zwar sammelten sich dann noch einmal die verbliebenen Kräfte der Kulturrevolution unter Führung der – später verurteilten – „Viererbande" gegen diesen „Wind von rechts", doch blieb dieses Aufbegehren gegen den inneren wie äußeren „Kapitulationismus" letztlich erfolglos.

Neuorientierung im Inneren und in der Außenpolitik

Nach dem Ende der „heißen Phase" der Kulturrevolution im Jahre 1969 hatte es erste Ansätze zur Konsolidierung gegeben. Selbst die Partei war ja weitgehend funktionsunfähig geworden, weil zahlreiche führende Kader ihrer Ämter enthoben worden waren. Bis Ende des Jahres 1970 gelang es jedoch, den Wiederaufbau des regionalen Parteiapparates wenigstens formal abzuschließen. Seit dem Frühjahr 1971 wurden wieder einige der verfolgten Kader rehabilitiert, obwohl zu gleicher Zeit noch das militärische Mobilisierungs- und das Kollektivierungsprogramm Lin Biaos insbesondere die Wirtschaftspolitik dominierte.

Einen neuen Akzent bildeten seit 1969 Grenzkonflikte mit der Sowjetunion, denen innenpolitische und propagandistische Bedeutung zukam; parallel dazu kam es zu einer ersten Lockerung der Isolationspolitik gegenüber dem Ausland. 1971 wurde ein amerikanisches Tischtennisteam nach China eingeladen. Damit begann die sog. „Ping-pong-Politik", begleitet von der Aufhebung des Handelsembargos durch die USA und einem lange geheim gebliebenen Besuch des Nationalen Sicherheitsberaters des US-Präsidenten Nixon, Henry Kissinger, in Peking. Mit der Übernahme des bis dahin von Taiwan gehaltenen Sitzes in den Vereinten Nationen gehörte die außenpolitische Isolation der VR China dann endgültig der Vergangenheit an.

Innenpolitisch signalisierte die Verabschiedung einer neuen Verfassung, allerdings ohne Beteiligung des Nationalen Volkskongresses, den beginnenden Richtungswechsel. Ein deutliches Zeichen war auch das Scheitern Lin Biaos, der Staatspräsident hatte werden wollen und dessen Putsch gegen Mao Zedong vereitelt wurde. Die Zeit bis zum Tode Mao Zedongs 1976 und der Wiedereinsetzung Deng Xiaopings im Jahre 1977 war eine Periode von Kampagnen und Klärungsprozessen, die dennoch nicht zu einer Neubestimmung des Verhältnisses von Intelligenz und Staat beitrugen.

Die Öffnung gegenüber den USA, zunächst im Verborgenen betrieben, wurde spätestens offensichtlich mit dem Besuch des amerikanischen Präsidenten Richard Nixon in China und der Neuaufnahme diplomatischer Beziehungen mit den wichtigsten Staaten der westlichen Welt.

Das Ende der Kulturrevolution

Die nach dem Tode Mao Zedongs entfachten Kampagnen führten zu einer äußersten Verhärtung und zu einer teilweisen Lähmung der Wirtschaftskraft. Bereits einen Monat nach Maos Tod war es zum wiederholten Mal zu einem Machtkampf zwischen den Anhängern der pragmatischen Zhou-Enlai-Linie und der kulturrevolutionären Linken gekommen, bei dem letztere schließlich unterlag und in der Kampagne seit 1976 als „Viererbande" verurteilt wurde. Erst mit dem Sturz dieser „Viererbande" um Maos Witwe Jiang Qing im Oktober 1976 gilt die Kulturrevolution offiziell als beendet, auch wenn die Hauptphase nur von 1966 bis 1969 gedauert hatte, gefolgt von einer Zeit machtpolitischer Auseinandersetzungen um Lin Biao, die mit seiner Absetzung und dem mysteriösen Flugzeugabsturz im September 1971 und dann mit seiner offiziellen Verurteilung auf dem 10. Parteitag im August 1973, als der Sturz und der Absturz Lin Biaos überhaupt erst der Weltöffentlichkeit mitgeteilt wurde, endeten. Die letzte Phase innerparteilicher Auseinandersetzungen wurde einen Monat nach dem Tode Mao Zedongs mit der Verhaftung der Hauptvertreter der Politik der Kulturrevolution am 6. Oktober 1976 abgeschlossen. Als „zehn verlorene Jahre" wurde diese Zeit später gebrandmarkt, die aber dennoch – oder vielleicht gerade deshalb – keineswegs ohne Folgen bleiben sollte. Die etwa drei

Millionen Opfer, die Traumatisierung der drangsalierten und aus ihren Ämtern gedrängten Funktionäre und Intellektuellen, überhaupt die zwanghafte Mobilisierung von Massen im ganzen Land blieben in schmerzlicher und nur in den Augen weniger in verklärter Erinnerung.

2. Die Vier Modernisierungen und das Charisma Deng Xiaopings

Der gebremste Aufstieg des Deng Xiaoping

Wenn auch nicht der unmittelbare, so doch der eigentliche Nachfolger Mao Zedongs wurde Deng Xiaoping (1904–1997), der seit den 50er Jahren zu dem halben Dutzend der wichtigsten Personen in der kommunistischen Führung gehörte. Als Werkstudent war er in den 20er Jahren in Frankreich gewesen und hatte nach einem Aufenthalt in Moskau die kommunistische Bewegung in wichtigen Ämtern geführt. In den 50er Jahren konnte er sich dann, zum Teil auf Kosten anderer, profilieren und in die Spitzengruppe der Kader vordringen. Auf Betreiben Zhou Enlais wurde Deng Xiaoping, der während der Kulturrevolution als Parteigänger Liu Shaoqis angegriffen worden war, 1973 erstmals rehabilitiert und wieder Stellvertretender Ministerpräsident und Mitglied des Politbüros. Im Jahre 1975 verabschiedete der IV. Nationale Volkskongreß eine neue Verfassung, und Zhou Enlais Forderung nach Modernisierungen auf verschiedenen Gebieten fand seinen Niederschlag in dem dann vor allem mit dem Namen Deng Xiaopings verbundenen Programm der „Vier Modernisierungen“.

Als am 8. Januar 1976 Zhou Enlai starb, wurde überraschenderweise Hua Guofeng und nicht Deng Xiaoping zum geschäftsführenden Ministerpräsident ernannt. Doch seit den Enttäuschungen über die Politik des Großen Sprungs hatten sich das Bedürfnis nach Kritik und ein Maß an Protestbereitschaft entwickelt, die während der Zeit der Kulturrevolution nur vorübergehend hatten gebändigt und kanalisiert werden können. Seit Ende März 1976 kam es im Rahmen von Trauerbekundungen für Zhou Enlai auf dem Platz des Himmlischen Friedens zu ersten Zusammenstößen zwischen Demonstranten und der Polizei. Anfang April weiteten sich diese Kundgebungen auf über 100 Städte des Landes aus. Am 5. April 1976 gab es, anläßlich einer weiteren Trauerkundgebung für Zhou Enlai, eine Demonstration am Tian'anmen-Platz, die gewaltsam niedergeschlagen wurde. Dabei war auch Sympathie für Deng Xiaoping geäußert worden, der ab August 1974 kommissarisch das Amt des schwer erkrankten Ministerpräsidenten Zhou Enlai übernommen hatte und dessen pragmatischer politischer Kurs insbesondere in Wirtschaftsfragen viel Zustimmung fand. Doch zunächst setzten sich die Gegenkräfte durch, der Tian'anmen-Platz wurde gewaltsam geräumt und Tausende wurden verhaftet. Deng Xiaoping wurde durch Beschluß des Politbüros seiner Ämter in Partei und Regierung wieder enthoben. Hua Guofeng dagegen konnte sich halten und wurde Ministerpräsident und damit Nachfolger Zhou Enlais und Erster Vorsitzender des Zentralkomitees der KPCh; nach dem Tod Mao Zedongs wurde er bereits am 6. 10. 1976 dessen Nachfolger.

Der Tod Mao Zedongs

Dem Tod Mao Zedongs am 9. September 1976 war ein schweres Erdbeben in Nordost-China vorausgegangen, das etwa 650 000 Tote gefordert hatte, so daß ein großer Teil der durchaus dem Aberglauben zugeneigten Chinesen einen Zusammenhang sah. Daher kam auch die am 6. Oktober 1976 erfolgte Verhaftung der „Viererbande“ sowie weiterer hochrangiger Parteimitglieder für viele nicht überraschend. Die Entscheidung des Politbüros, Hua Guofeng als Nachfolger Mao Zedongs im Parteivorsitz und im Vorsitz der Militärkommission einzusetzen, ließ sich jedoch nicht lange halten. Vor allem das Beharren Hua Guofengs auf bisherigen Positionen und seine Verteidigung der Politik Mao Zedongs führten zu wachsender Ablehnung. Zunächst setzten einige regionale Militärkommandanten gegen den Widerstand Hua Guofengs im Juli 1977 auf dem 3. Plenum des X. Zentralkomitees die Rehabilitierung Deng Xiaopings und seine Rückkehr in Partei- und Regierungsämter durch. Zwar wurde im März 1978 auf der Sitzung des V. Nationalen Volkskongresses Hua Guofeng noch einmal als Ministerpräsident bestätigt, doch wurde seine Macht drastisch eingeschränkt.

Deng Xiaopings Rehabilitierung und seine Einsetzung in alte Ämter war als Signal verstanden worden. Die Kulturrevolution wurde nun offiziell und unmißverständlich für beendet erklärt. Auf der Sitzung des XI. Zentralkomitees wurde eine neue Verfassung angenommen und die Politik der „Vier Modernisierungen" Hua Guofengs bestätigt. Im Bildungswesen wurde der Zwang zur Landarbeit vor der Aufnahme eines Hochschulstudiums abgeschafft. Es war das Jahr 1977 überhaupt eine Zeit zunehmender Liberalisierung auf allen Gebieten, insbesondere aber auf kulturellem Gebiet. Werke von Bach, Beethoven, Chopin und anderen durften zum Beispiel wieder gespielt werden.

Der Ruf nach Demokratie und der „Pekinger Frühling"

Demokratie, seit dem Vorabend der 4.-Mai-Bewegung 1919 als eines der wichtigsten Ziele im Rahmen einer Modernisierung Chinas gefordert, hatte die geistige Debatte seither begleitet. Auch die junge Volksrepublik hatte sich unter das Motto einer „Neuen Demokratie" gestellt. Mit dem Ausgang der Kulturrevolution und nach dem Rückgang der Konfrontation mit den USA waren Demokratie und Menschenrechte erneut zum Thema geworden. Nach Vorboten seit etwa 1974 waren die Forderungen nach Demokratie zunehmend mit Kritik an der „Viererbande" verknüpft worden. Nach der Rehabilitation von Deng Xiaoping im Jahre 1977 begann im April 1977 der sog. „Pekinger Frühling". Hier wurde auch erste Kritik an Mao Zedong laut, wonach er etwa zu 30% schlecht und zu 70% gut gewesen sei.

Mit dem Namen Deng Xiaopings ist vor allem ein neuer Pragmatismus verknüpft. Auf einer im März 1978 gehaltenen Rede hatte er die „Vier Modernisierungen" gefordert, die Modernisierung der Landwirtschaft, der Industrie, der Landesverteidigung und der Wissenschaft. Die Bestätigung des von Deng Xiaoping eingeleiteten Reformprozesses hatte die Parteispitze auf dem 3. Plenum des XI. Zentralkomitees im Dezember 1978 erteilt. Zur gleichen Zeit entstand in Peking eine „Mauer der Demokratie“, an der mit Wandzeitungen wirtschaftliche Reformen eingeklagt und Kritik an der bisherigen Politik geäußert wurden. An diesem Ort freien Meinungsaustauschs wurden bald auch Stimmen laut, die eine politische Modernisierung und Demokratie einforderten.

Obwohl die Partei- und Staatsführung im Dezember 1978 die Politik der „Vier Modernisierungen“ bekräftigte, bei der es um eine sozialistische Modernisierung des Landes gehen sollte, und obwohl umfassende Reformen angekündigt wurden, gelang es nicht, die durch die Menschenrechts- und die Demokratiebewegung ausgelöste Unruhe zu beschwichtigen. Nachdem im Januar 1979 auch die Partei selbst Gegenstand offener Kritik geworden war, begann die Parteiführung unverzüglich mit der Verhaftung führender Vertreter dieser Bewegung. Einzelne Wandzeitungsautoren wurden verfolgt, und das verfassungsmäßig eingeräumte Recht, solche Wandzeitungen (*dazibao*) anfertigen zu dürfen, wurde aufgehoben (Art. 45 der Verfassung). Damit endete im Frühjahr 1979 die nach dem Ort in Peking, an dem sich die „Mauer der Demokratie“ befand, benannte „Xidan-Bewegung“, und der Bruch des Vertrauens zwischen der zaghaften Demokratiebewegung und der Regierung trat offen zutage. Mit der Schließung der sogenannten „Mauer der Demokratie“ war eine Hoffnung gerade bei den Angehörigen der gebildeteren Mittelschicht enttäuscht worden. Als Symbolfigur für Hoffnung und Enttäuschung galt lange Zeit der ehemalige Rotgardist Wei Jingsheng, der seit 1976 als Dissident zu einer der zentralen Figuren der Protestbewegung wurde und der zusätzlich zu den „Vier Modernisierungen“ eine „fünfte Modernisierung“ gefordert hatte, nämlich eine umfassende Demokratisierung.

Die Partei suchte sich intern zu konsolidieren und stärkte im folgenden Jahr, 1980, die Position Deng Xiaopings durch die

Berufung Zhao Ziyangs und Hu Yaobangs in den Ständigen Ausschuß des Politbüros des Zentralkomitees der KPCh. Hu Yaobang wurde Generalsekretär der Partei, und durch die nachträgliche Rehabilitierung des der Kulturrevolution zum Opfer gefallenen ehemaligen Staatspräsidenten Liu Shaoqi wurde die Neubewertung der Kulturrevolution fortgesetzt. Es konnte nun, nachdem sich die alten Gegner Mao Zedongs auf ganzer Linie hatten durchsetzen können, die mit dem Namen Deng Xiaoping verbundene und seit 1978 eingeleitete Öffnungs- und Modernisierungspolitik stetig vorangetrieben werden. Vornehmliches Ziel war es dabei, durch marktwirtschaftliche Reformen eine Steigerung der ökonomischen Leistungsfähigkeit des Systems zu erreichen.

Sonderzonen und das Schwanken zwischen Liberalisierung und Repression

In der Zeit der Propagierung der „Vier Modernisierungen" war es ein Element dieser neuen Politik, daß Deng Xiaoping 1978 nachdrücklich die Rehabilitierung der bisher verfemten Intellektuellen und der sogenannten „Rechtsabweichler" gefordert hatte. Natürlich stand dies auch im Zusammenhang mit der Absicht, ausländische Investitionen zuzulassen, doch beruhte die Forderung auch auf der Einsicht, daß Produktivität, Phantasie und Innovation ein gewisses Maß an geistiger Freiheit notwendig machen. Bei der Öffnung nach außen stand das wirtschaftliche Interesse im Vordergrund, so daß manche Vorbehalte zurückgestellt wurden, wie bei dem 1978 unterzeichneten Friedens- und Freundschaftsvertrag zwischen China und Japan, der trotz der noch erheblichen aus der japanischen Invasion in den 30er Jahren stammenden Belastungen zustande kam.

Die Liberalisierungs- und Öffnungspolitik, begleitet etwa durch die Aufnahme voller diplomatischer Beziehungen zwischen den USA und China 1979 und eine Reise Deng Xiaopings in die USA im gleichen Jahr, brachte Vorteile für China – etwa den Status einer „most favored nation" (Meistbegünstigungsklausel) bei den USA –, ließ aber auch neuen Regelungsbedarf entstehen. So wurde etwa ein Joint-Venture-Gesetz zur Festlegung der Handlungsspielräume für Unternehmen mit ausländischer Kapitalbeteiligung erlassen. Zur Beschleunigung des wirtschaftlichen Wachstums und um ausländische Investoren zu gewinnen, diente die Einrichtung einer zunehmenden Zahl von Wirtschaftssonderzonen, die abgeschirmt gegenüber dem Umland optimale Entwicklungsbedingungen gewährleisten sollten. Dabei kam der Wirtschaftssonderzone Shenzhen bei Hongkong insbesondere vor der Wiedereingliederung dieser britischen Kolonie 1997 eine Brückenfunktion zu.

Trotz wachsender internationaler Akzeptanz, die etwa in der Aufnahme Chinas in den Internationalen Währungsfonds (IWF) zum Ausdruck kam, waren die Jahre 1980 und 1981 im Inneren noch stark von der Aufarbeitung der Vergangenheit, insbesondere der Kulturrevolution, geprägt. Deng Xiaoping hielt im August 1980 auf einer erweiterten Sitzung des Politbüros eine Rede über die „Reform des Parteisystems und der Staatsführung". Auf der 3. Sitzung des V. Nationalen Volkskongresses im September wurde Zhao Ziyang (anstelle von Hua Guofeng) zum Ministerpräsidenten gewählt. Die Mitglieder der „Viererbande", der Arbeiteraktivist Wang Hongwen (1932–1992), der Literaturkritiker Yao Wenyuan (geb. 1931) und der Shanghaier Kulturfunktionär Zhang Chunqiao (geb. 1917) sowie Maos Frau Jiang Qing (1914–1991), wurden 1981, nach monatelangem Prozeß, über den im Fernsehen ausführlich berichtet worden war, zum Tode verurteilt; die Strafen wurden später in lebenslange Haftstrafen umgewandelt. Freilich wurde die Diskussion auch innerhalb der Partei geführt mit dem Ergebnis einer Neubewertung der Rolle Mao Zedongs auf dem 6. Plenum des XI. Zentralkomitees. Dabei ging es immer um die Schaffung von Innovationsbereitschaft, zugleich aber auch um die Bekräftigung einmal bezogener Standpunkte und Maßnahmen. So wurde zwar die Strategie zur Wiedervereinigung Chinas diskutiert, an der Ein-China-Politik jedoch festgehalten. Die für den einzelnen, insbesondere für viele Frauen und Familien, schmerzliche landesweite Gültigkeit der Ein-Kind-Politik (mit Ausnahme der nationalen Minderheiten) mußte schon allein deswegen bekräftigt werden, weil ein stärkeres Bevölkerungswachstum jeden wirtschaftlichen Fortschritt sogleich wieder zunichte gemacht hätte.

Die Modernisierungspolitik der 80er Jahre

Bei der Modernisierungspolitik der 80er Jahre lassen sich zwei Phasen unterscheiden. In der ersten Phase bis 1983/84 stand die Dezentralisierung der landwirtschaftlichen Produktion im Vordergrund. Von 1984 an wurden die Reformmaßnahmen dann auch auf den industriellen Sektor ausgeweitet. Die Zulassung marktwirtschaftlicher Motivationsfaktoren sowie die Öffnung des Landes für Auslandskapital bewirkten eine Steigerung der Produktivität in einem Ausmaß, das viele Beobachter in Erstaunen versetzte. Doch das darauf gegründete Wirtschaftswachstum löste noch nicht grundlegende strukturelle Probleme wie die mangelnde Produktivität der Staatsbetriebe, die wachsende Arbeitslosigkeit unter großen Teilen der Landbevölkerung infolge einer leichten aber wirkungsvollen Mechanisierung der Landwirtschaft und die unsicheren Geldmarkt- und Kreditverhältnisse.

Die damit verbundenen Probleme und Sorgen, aber natürlich auch das Interesse am Machterhalt der KPCh und ihrer Funktionäre, bestärkten die Partei- und Staatsführung, gegenüber politischen Protestbewegungen ebenso rigide vorzugehen wie auch sonst gegen abweichendes Verhalten. Kampagnen zur ideologischen Festigung und zur Indoktrination, die Neubewertung des Konfuzius und überhaupt traditioneller Lehren, der mit staatlichen Geldern in großem Stil geförderte Kult um die mythischen Kaiser Huangdi und Yandi, aber auch das weitere Geltenlassen des Kultes um Mao Zedong gehören in diesen Zusammenhang. Seit Ende 1992 hatte auch Deng Xiaoping einem Personenkult zugestimmt, in dessen Mittelpunkt seine Werke standen, ganz in der Tradition der Kanonisierung der Worte Mao Zedongs, von denen Hua Guofeng am 26. Oktober 1976 forderte, was immer Mao gesagt habe, es dürfe nicht kritisiert werden.

3. Minderheiten und Spannungen am Rande

Neue und alte Unruhepotentiale

Trotz vielfältiger Veränderungen und Innovationen und trotz der Forderung nach einem „Neuen Menschen“ blieben bestimmte Dynamiken und Impulse, die sich bereits in der Vergangenheit gezeigt hatten, doch erhalten. Dazu gehört die prinzipielle Bereitschaft zu Aufstand und Unruhe, so sehr solches in der offiziellen Rhetorik auch geächtet sein mag. Freilich waren die Ursachen und Gründe für Unruhen auch im 20. Jahrhundert vielfältiger Natur. Doch traten nach der Machtergreifung der Kommunisten und der Wiederherstellung des Einheitsreiches im Oktober 1949 Spannungen zutage – trotz der Behauptung der KPCh, mit der „Massenlinie“ „dem Volke zu dienen“, wie der Titel eines weitverbreiteten Textes formulierte. Mit der Einführung des Sozialismus sollte zwar nach offizieller Verlautbarung jeder Rassendiskriminierung die Grundlage entzogen sein, auch wenn Rückschläge eingeräumt wurden. Schon während des legendären Langen Marsches, der durch einige dichtbesiedelte Minderheitengebiete führte, mußten die auf Unterstützung angewiesenen Kommunisten notgedrungen Versprechungen machen. Mao Zedong selbst verwies wiederholt auf Artikel 14 der Statuten der KPCh von 1931, worin die Kommunistische Partei die Selbstbestimmung der nationalen Minderheiten und deren Recht zur Bildung unabhängiger eigener Staaten bekräftigte. Von solchen Versprechungen war nach 1949 dann aber nicht mehr die Rede. Freilich wurde eine geschickte Minderheitenpolitik verfolgt, die jedoch die Spannungen insbesondere in den uighurischen Gebieten Xinjiangs (d.i. Ost-Turkestan) im Nordwesten nicht nachhaltig mindern konnte.

Der islamische Nordwesten

Wiederholt ist es in den 90er Jahren zu Unruhen muslimischer Bevölkerungsgruppen in der Provinz Qinghai und vor allem in der „Autonomen Region Xinjiang“ gekommen. Seit dem Zusammenbruch der Sowjetunion und der Gründung neuer islamischer Staaten entlang der chinesischen Westgrenze 1991 haben sich die Kontakte zwischen den Muslimen in Xinjiang und den Nachbarn in Kasachstan, Kirgisistan und Tadschikistan intensiviert. Und weil Peking das Eindringen fundamentalistischer Strömungen und dadurch hervorgerufener separatistischer Tendenzen befürchtet, ergreift es immer wieder Maßnahmen, um hier gegenzusteuern. Zu diesen Maßnahmen gehören das Verbot unabhängig erschienener und von den Behörden nicht genehmigter Publikationen zum Islam ebenso wie die bilateralen Verträge mit Kasachstan, um so den uighurischen Untergrundkämpfern den Rückhalt zu nehmen.

Eine neue Dimension hat Chinas Zentralasienpolitik durch das erwachende Interesse Rußlands an dieser Region bekommen. Doch während seit Dezember 1991 die ehemaligen Sowjetrepubliken Kasachstan, Kirgisistan, Tadschikistan, Turkmenistan und Usbekistan zu politischen Gebilden mit eigener Staatlichkeit geworden sind, sind die von ihrer Fläche her viel ausgedehnteren „Nebenländer Chinas“, das heutige Autonome Gebiet Innere Mongolei, die Uighurische Autonome Region Xinjiang und das Autonome Gebiet Tibet allgemein unangefochtene Teile des chinesischen Reiches, auch wenn es nicht wenige Stimmen innerhalb, vor allem aber außerhalb Chinas gibt, die insbesondere für eine staatliche Unabhängigkeit Tibets eintreten.

Nachdem sich Kasachstan, Kirgisistan und Usbekistan im Jahre 1994 zu einer Zentralasiatischen Union zusammengeschlossen haben, denen sich Tadschikistan später als Beobachter zugesellte, zeichnen sich Konflikte ab zwischen dem zentralasiatischen Integrationsprozeß einerseits und dem Anspruch Chinas auf diese Region andererseits ab, Konflikte, in welche die USA, Rußland sowie die EU bereits hineingezogen sind. Prekär bleibt daher auch die Lage dieser „Nebenländer“. Dies gilt besonders für Xinjiang, in dem eine Vielzahl nichtchinesischer Ethnien möglicherweise auf die Unabhängigkeitsbestrebungen der Turkvölker in der ehemaligen Sowjetunion reagieren könnte. Bei diesen Völkern beginnt nach einer langen Periode der Fremdbestimmtheit ein Suchen nach der eigenen Identität und der eigenen Geschichte. Mit militanten Konfrontationen ist weiterhin zu rechnen, und die Regierung in Peking ist darauf vorbereitet. Anläßlich des 40. Jahrestages der Gründung der muslimisch geprägten „Autonomen Region Xinjiang" am 1. Oktober 1995 hob der von Peking eingesetzte Parteisekretär, Wang Lequan, in einer Rede hervor, daß der Kampf mit separatistischen Kräften noch über einen längeren Zeitraum anhalten werde.

Auch wenn das einigende Band durch kulturelle Faktoren und Sozialisationseigenheiten bestimmt wird, so gründet sich der Anspruch Chinas auf ein besonderes Territorialprinzip. Danach erhebt China im Prinzip auf alle Teile der ostasiatischen Landmasse Anspruch, auf die sich jemals eine chinesische Dynastie, einschließlich der sogenannten Fremddynastien, erstreckte. Wegen solcher Begründung von Ansprüchen aus der Geschichte spielt die Geschichtsschreibung eine entscheidende Rolle.

Zentralregierung und Provinzen

Vor dem Hintergrund regionaler Unterschiede sind Bemühungen um Einrichtungen von Sonderwirtschaftsgebieten im Inland, etwa in Xinjiang, aber auch in Tibet, sowie die Ausgliederung Chongqings als regierungsunmittelbare Stadt aus der Provinz Sichuan seit dem 14. 3. 1997 zu verstehen. Während also die Zentralregierung „Multipolarisierung" innerhalb Chinas mit allen Mitteln zu bekämpfen versucht, ist es ihr erklärtes Ziel, die regionalen Disparitäten zu vermindern, und entsprechend werden Maßnahmen erwogen, die Beteiligung der Regionen an den Gemeinschaftsaufgaben zu erhöhen, wozu auch Maßnahmen zur Überwachung der Steuerabführungen aus den Provinzen gehören. Als eine solche Gemeinschaftsaufgabe wird das Projekt des „Drei-Schluchten-Staudamms" angesehen. Wie kontrovers aber gerade solche Projekte auch in China sind, zeigt der Umstand, daß fast ein Drittel der Abgeordneten des Nationalen Volkskongresses auf dessen Sitzung im Jahre 1992 gegen dieses Staudammprojekt stimmte.

Infolge des rapiden Wirtschaftswachstums in den 80er und 90er Jahren ist es zu neuen sozialen Verwerfungen gekommen, zu Migrationsströmen im Lande und großen Unterschieden in der Reichtumsverteilung; da aber die KPCh nicht bereit ist, durch politische Reformen, etwa eine stärkere institutionalisierte Partizipation der Bevölkerung, den sich verändernden Bedingungen Rechnung zu tragen, scheinen interne Konflikte und möglicherweise bürgerkriegsähnliche Auseinandersetzungen vorprogrammiert zu sein.

Die Armee

Die politische Führung in Peking ist sich selbst der Instabilität in zahlreichen Regionen des Landes bewußt. Um so wichtiger ist die Armee als Garant für einen Zusammenhalt des Staates. Aufgrund der historischen Erfahrungen mit militärischen Separationsbestrebungen, zuletzt während der Periode der „Kriegsherren", ist die Parteiführung für einen militärischen „Regionalismus" höchst sensibilisiert und sucht die regionalen Oberkommandos entsprechend zu kontrollieren. Tatsächlich ist es gegenwärtig sehr unwahrscheinlich, daß zivile und militärische Führungen auf der Provinzebene Allianzen eingehen und sich gegenüber der Zentralregierung verselbständigen, weil das enge Zusammenspiel zwischen Partei- und Armeeführung auf der Ebene der Zentralregierung keine institutionelle oder personelle Entsprechung auf der Provinzebene findet.

4. Neuorientierung der Intellektuellen?

Nach 50 Jahren Einparteienherrschaft auf dem chinesischen Festland ist es für die Intellektuellen eine Selbstverständlichkeit geworden, daß sie auf bürokratischen Schutz und Begünstigung und auf die wechselseitige Kooptation zwischen Partei und Intellektuellen setzen können. Nicht die Bevölkerung, sondern bestimmte Gruppen und Schichten sind es, denen sich die „Elite-Intellektuellen" (*gaoji zhishifenzi*) und die hochrangigen Kader (*gaoji ganbu*) verpflichtet fühlen. Gemeinsam ist diesen Gruppen die Überzeugung, daß die politische Kontrolle der Kultur durch den Staat legitim sei. Dies verwundert nicht, hat es doch in China keine bürgerliche Revolution gegeben und haben die Intellektuellen, die Literatenbeamten (*shi* oder *shenshi* oder *shenjin*), seit der Reichseinigung vor über zweitausend Jahren Kultur und Erziehung in den Dienst der Politik gestellt und zugleich von der Politik gefordert, sie müsse ihren moralischen Standards folgen.

Spannungen innerhalb der Elite und das Fehlen von Parteilichkeit

Aus dieser Erwartungshaltung hat sich sowohl eine Spannung zum Staat als auch eine Spannung innerhalb der Intellektuellen entwickelt. Chinas Rückständigkeit ist lange Zeit dem Beharrungsvermögen der traditionellen Elite zugeschrieben worden. Andererseits finden sich dort viele Ansätze zur Erneuerung. Zudem hat gerade in der ersten Hälfte des 20. Jahrhunderts die Instabilität in der Elite eine Modernisierung unmöglich gemacht; eine Instabilität, die ein Resultat der „Sorge für das Ganze" und der Verweigerung war, parteiisch zu sein. Insbesondere das Bedürfnis nach Harmonisierung von Staat und Gesellschaft scheint eines der Haupthindernisse auf dem Weg in die Moderne zu sein.

Die mit der außenpolitischen Öffnung verbundenen stärkeren Einflüsse westlicher Kultur und zunehmende Rufe nach mehr Freiheit und Demokratie wurden zwar im Rahmen einer Kampagne gegen geistige Verschmutzung im Oktober 1983 und dann auch in den folgenden Jahren immer wieder eingeschränkt, doch ließ sich die einmal entstandene informelle Meinungsfreiheit und Sittenvielfalt in den Städten nicht wieder zurückdrängen. Die Öffnung neuer Vermarktungsmöglichkeiten für die Bauern, insbesondere solche in der Nähe von Städten, hatte in den Städten selbst zu wachsender Unzufriedenheit über die Lebens- und Einkommensverhältnisse geführt. Solche

Unzufriedenheit machte breitere Kreise für die Forderungen nach mehr Freiheits- und Entfaltungsmöglichkeiten empfänglicher; Forderungen an die Regierung verbanden sich leicht, wie etwa bei den Demonstrationen für Pressefreiheit im November/Dezember 1986, mit ausländerfeindlichen, hier anti-japanischen Forderungen.

Studentenproteste und Forderungen nach Reformen und Demokratie

Unruhen unter der Bevölkerung hatten auch Rückwirkungen innerhalb der Partei. So wurde am 16. Januar 1987 Hu Yaobang seines Amtes als Generalsekretär enthoben, und an seine Stelle trat Zhao Ziyang, während die Kampagne gegen bürgerliche Liberalisierung fortgeführt wurde. Der Streit zwischen Reformern und Konservativen setzte sich also fort. Einen neuen Höhepunkt erreichte die Demokratiebewegung im Frühjahr 1989. Sie hatte freilich inzwischen gegenüber der Xidan-Bewegung ihren Charakter insofern geändert, als sich nunmehr insbesondere die städtischen Intellektuellen, namentlich die Studenten, zu Wort meldeten und es sich nicht mehr um eine Artikulation vielfältiger Schichten der Bevölkerung handelte.

Am 6. Januar 1989 schrieb Fang Lizhi einen Brief an Deng Xiaoping mit der Bitte um Amnestie für alle politischen Gefangenen. Im April 1989 kehrte Hu Yaobang auf die politische Bühne zurück, starb aber nach wenigen Tagen, am 15. April. Die darauf folgenden Trauerkundgebungen, bei denen es äußerlich um die postume Rehabilitierung Hu Yaobangs, im Grunde dann aber doch um die Forderung nach besseren Lebensbedingungen für die Studenten ging, auf die die Regierung, insbesondere der Generalsekretär der KPCh, Zhao Ziyang, zunächst mit Vermittlungsversuchen reagierte, eskalierten und gipfelten in einem Demonstrationszug auf den Tian'anmen-Platz am 20. April 1989, als etwa 20000 Menschen dorthin strömten. Bereits am 26. April verurteilte die Volkszeitung die Demokratiebewegung als „planvolle Verschwörung". Die Folge war eine Verkettung von politischen Ritualen auf seiten der

Anführer der Demonstranten sowie zahlreicher Ungeschicklichkeiten auf seiten der Führung, die unter der Wortführerschaft des Ministerpräsidenten Li Peng dem am 13. Mai 1989 begonnenen Hungerstreik und den damit verbundenen Unruhen am 20. Mai 1989 mit der Verhängung des Ausnahmezustandes über Peking begegnete, der erst am 11. Januar 1990 wieder aufgehoben wurde. Insbesondere die Beeinträchtigung des Besuchs des russischen Präsidenten Michail Gorbatschow am 18. Mai in Peking hatte die Beachtung, welche die Proteste und der inzwischen begonnene Hungerstreik in der internationalen Medienwelt fanden, gesteigert. Am 30. Mai kam es zur Errichtung der „Göttin der Demokratie" auf dem Platz des Himmlischen Friedens, einer weithin sichtbaren Skulptur. Mit dem Aufmarsch von Panzerverbänden und Truppen in der Nacht vom 3. auf den 4. Juni 1989 wurde der Platz blutig geräumt. Über die Zahl der Toten in Peking und anderen Städten, in denen ebenfalls Demonstrationen zerschlagen wurden, gibt es keine verläßlichen Zahlen, sondern nur Schätzungen, die für Peking von mehreren Hundert bis zu mehreren Tausend sprechen. Deng Xiaoping gratulierte den Einheiten der Volksbefreiungsarmee und bedankte sich. Zhao Ziyang verlor kurz danach sein Amt als Generalsekretär, von dem er vorher schon entbunden worden war, und es folgte ihm im Juni 1989 Jiang Zemin, der bis 1988 Bürgermeister von Shanghai war und der sich bald als der eigentliche Nachfolger Deng Xiaopings durchsetzte. Dazu gehörte, daß er im November Deng Xiaoping im Amt des Vorsitzenden der Militärkommission folgte.

Eine im Sommer 1998 sich stärker artikulierende innerchinesische politische Opposition, eine Folge der zeitweiligen Lockerung in der Presse- und Medienkontrolle und einer partiellen Reform des chinesischen Strafrechts sowie der Unsicherheit im Verhalten der lokalen Behörden, wurde im Herbst desselben Jahres durch drastische Verurteilungen gebremst, die vielerlei internationale Proteste zur Folge hatten. Das Neue an dieser politischen Opposition war, daß sie nicht mehr in der kleinen Gruppe der Dissidenten-Intellektuellen ihre Adressaten sah, sondern in einfacher Sprache die Sorgen und Nöte der breiten Bevölkerung artikulierte. Nicht zuletzt Unzulänglichkeiten und das Versagen der Behörden bei der Bewältigung der Folgen der großen Flutkatastrophe vom August 1998 schürten die Unzufriedenheiten bei breiten Kreisen der Bevölkerung. Gerade die geschärfte Programmatik der innerchinesischen Opposition wurde als ernsthafte Herausforderung der politischen Führung gesehen.

Eine international beachtete Herausforderung bildete die Heilsgemeinschaft der Falungong-Anhänger, die mit ihrem in den USA lebenden Gründer und charismatischen „Meister" Li Hongzhi eine Provokation für das politische System darstellt, zumal sie an frühere messianistische Bewegungen erinnert, die wie die Taiping-Bewegung China ins Chaos stürzten. Als sich am 25. April 1999 etwa zehntausend Anhänger im Zentrum Pekings zu einer friedlichen Demonstration versammelten, war dies für die Weltöffentlichkeit ebenso wie für die chinesischen Geheimdienste eine Überraschung. Bei aller durch die neuen Nachrichten- und Kommunikationstechniken begünstigten organisatorischen Raffinesse scheint diese Bewegung sich sozial doch vor allem aus dem Reservoir der Reformverlierer zu speisen. Die chinesische Führung hat es seither verstärkt als ihre Aufgabe erkannt, zwischen akzeptablen und nicht akzeptablen Kulten zu unterscheiden. Auf diese Weise werden erneut Fragen der Werthorizonte sowie des politischen Systems zur Disposition gestellt. Nicht zuletzt die Rolle der Religionen in der chinesischen Gesellschaft und das Verhältnis zwischen Kultgemeinschaften und Staat ist erneut zum Thema geworden und wird dies auch auf absehbare Zeit bleiben.

VI. Chinas Aufbruch ins 21. Jahrhundert

1. Hongkong, Taiwan, Macau und „Großchina“

Neuordnung der Außenbeziehungen

Nach dem Ende des chinesisch-sowjetischen Konfliktes Ende der 80er Jahre ist es zu vielfältiger neuer Kooperation zwischen China und Rußland gekommen. Diese ist nicht nur durch das gemeinsame Interesse an der Stabilität im muslimisch geprägten Zentralasien geleitet, sondern diese „strategische Partnerschaft“ bleibt nicht ohne Einfluß auf die außenpolitische Orientierung der Länder Korea, Japan, Taiwan und der ASEAN-Staaten. Die Wiederbelebung eines guten Verhältnisses zu Rußland ist Teil einer umfassenden außenpolitischen Offensive. Nach Verhandlungen mit der Sowjetunion zur Normalisierung der Beziehungen im Jahre 1982 wurden 1983 auch mit Indien Botschafter ausgetauscht, die bei den Grenzstreitigkeiten 1968 zurückgezogen worden waren. Neben der Neuregelung der Kontakte zu den Nachbarn blieb die Fortsetzung der Beziehungen zu den USA auf der Tagesordnung. 1982 hatte es auch erste Gespräche über die Zukunft Hongkongs mit der britischen Premierministerin Margaret Thatcher bei deren Besuch in Peking gegeben. Mit der „Gemeinsamen Erklärung“ der britischen und der chinesischen Regierung zur Zukunft Hongkongs wurden erste Schritte zur Rückgabe Hongkongs unternommen, die dann am 1. Juli 1997 vollzogen wurde. Es folgte eine gemeinsame Erklärung Chinas und Portugals über die Rückgabe Macaus an China im Jahr 1999.

Die Abkühlung zwischen China und zahlreichen westlichen Staaten nach der Niederschlagung der Demonstrationen am Tian'anmen-Platz im Juni 1989 erforderte besondere diplomatische Anstrengungen. In diesen Zusammenhang gehört auch der Besuch des Ministerpräsidenten Li Peng in der Sowjetunion 1990, seit 1964 der erste Besuch eines chinesischen Ministerpräsidenten in Rußland, bei dem es neben Grenzfragen auch um die Tibet-Frage ging. Die Aufhebung des Ausnahmezustandes in Tibet am 1. Mai 1990 ist ebenso im Kontext der Entspannungs- und Öffnungspolitik zu sehen wie die Aufnahme diplomatischer Beziehungen 1992 zu Südkorea, wobei Wirtschafts- und Handelsinteressen im Vordergrund standen.

Da in China Regionalbewußtsein und Forderungen nach föderalen Strukturen sowie die Rede von Großchina keineswegs als gegensätzliche Positionen verstanden werden, wird in manchen chinesischen Intellektuellenkreisen das Ende des Nationalstaates im Sinne solcher föderaler Strukturen thematisiert. Angesichts der Globalisierung der Wirtschaft und der Lebensverhältnisse überhaupt werden zudem von manchen Argumente dafür gesammelt, daß die besonderen Entwicklungen in den „vielen Chinas", die sich in den letzten Jahrzehnten und Jahrhunderten herausgebildet haben, allesamt gewissermaßen als eine Art Laboratorien verstanden werden könnten, aus denen heraus sich eine moderne Kultur – und vielleicht sogar eine allen anderen überlegene Kultur, die Kultur des pazifischen Jahrhunderts – würde bilden können bzw. schon gebildet habe. Gegen eine solche den gesamten pazifischen Raum bestimmende Schrittmacherrolle Chinas spricht allerdings die historische Erfahrung, daß sich China schon immer mehr mit sich selbst beschäftigt hat und vornehmlich nach innen gewandt war.

Die vielen Chinas sind zunächst die an der Straße von Taiwan gelegenen „vier Länder" Taiwan, Hongkong, Macau und die Volksrepublik China, dann aber auch all diejenigen chinesischen Städte und „Chinatowns", die sich außerhalb Chinas gebildet haben. So bedeutend die nationalen Minderheiten innerhalb Chinas sind, so wichtig sind die sogenannten Überseechinesen, deren Selbstverständnis ja durchaus nicht überall gleich ist.

Taiwan

Immer schon war es das Ziel gewesen, Taiwan wieder zu integrieren, vor allem, weil das Vorbild des Kangxi-Herrschers (reg. 1661–1722) noch wirksam ist, der mit der Eroberung

Taiwans 1683 ein Zeitalter des Friedens einläutete. Eine Integration hat jedoch mehrere Schwierigkeiten zu überwinden, darunter das Bewußtsein, daß diese Insel erst relativ spät, nämlich unter der Mandschu-Dynastie, zu einem Teil Chinas wurde. Hinzu kommt die ältere Kolonialerfahrung, zunächst mit der Holländischen Ostindischen Kompanie im Jahre 1624, dann mit dem Eroberer während der Ming-Dynastie, Koxinga (1662), ferner mit der Eingliederung in das mandschurische Qing-Reich im Jahre 1683 und nicht zuletzt mit den Japanern, deren Kolonie Taiwan von 1895 bis 1945 war und deren Herrschaft im Rückblick erträglicher war als die zumindest in ihrer Anfangsphase rücksichtslose und in den ersten Jahren (seit 1945) durchaus brutale Herrschaft der GMD. Die Widerstände gegenüber den GMD-Besatzern von seiten der Bevölkerung, die zunächst die vom Festland als Flüchtlinge kommenden Truppen und Verwaltungsleute begrüßt hatte, waren heftig, und die Geschichte der Unterdrückung der taiwanesischen Mehrheit durch die „Festländer", insbesondere der Aufstand des Jahres 1947, wird erst in jüngerer Zeit in der Öffentlichkeit und den Medien beachtet und prägt in erheblichem Maße das Bewußtsein in Taiwan. Gleichwohl gilt nach dem Verständnis der meisten Chinesen heute Taiwan als Teil Chinas. Doch die Geschichte der Kolonisierung dieser Insel läßt auch ein anderes Bild zu, zumal Taiwan nicht immer als unverzichtbarer Teil Chinas galt, auch nicht für Li Hongchang, der im Jahre 1895 kommentierte, mit Taiwan verliere die Dynastie nur eine wenig schätzenswerte Insel. Immer wieder bedroht und von Invasoren besetzt, bleibt heute, angesichts der Bedrohung durch das Festland, den Taiwanesen nur die Suche nach einer eigenen Identität, in einer Situation, in der 86% der Bevölkerung auf Taiwan als Taiwanesen und 14% als Festländer gelten. Auch wenn es zutrifft, daß die taiwanesische Bevölkerung zumeist auf Einwanderungsbewegungen vom Festland zurückgeht, während die wirklichen „Ureinwohner", die eher alten austronesischen Zivilisationsformen zuzurechnen sind, weitgehend verschwunden sind, müssen die Kinder in Taiwan doch erst mühsam „lernen, Chinesen zu werden".

Nachdem die Regierung Taiwans unter Führung der GMD jahrzehntelang die Rückeroberung des Festlandes auf ihre Fahnen geschrieben hatte, hat sich in den 90er Jahren ein Wandel vollzogen, und die für ein selbständiges Taiwan eintretenden Kräfte können seit einigen Jahren offen für ihre Ziele werben. Zwischen der Haltung, eigentlich das ganze China repräsentieren zu wollen, und der Einsicht, daß Taiwan doch einen eigenständigen Charakter hat, ist derzeit eigentlich keine Vermittlung möglich; die Spannung zwischen diesen beiden Positionen ist das Dilemma all jener, die ein demokratisches und freiheitliches Taiwan wollen und sich zugleich dem Traum von einem Großchina verpflichtet fühlen. Die nationale Vereinigung zu einem Gesamtchina ist ja auch auf Taiwan von der offiziellen Politik noch nicht aufgegeben worden und wird nur an bestimmte Bedingungen geknüpft, die für die Volksrepublik derzeit unannehmbare Voraussetzungen formulieren.

Von Peking nun wird gerade auch wegen der großen Zahl von Auslandschinesen und mit Blick auf ein Großchina seit einigen Jahren ganz bewußt eine nationale Kulturpolitik betrieben. Zeichen hierfür war die Gründung einer „Chinesischen Gesellschaft zur Förderung der Nationalkultur" (*Zhonghua minzu wenhua cujin hui*) am 29. Februar 1992 in Peking in der Großen Halle des Volkes. An der Gründungsversammlung nahmen über 200 Chinesen, auch aus Hongkong, Macau und Taiwan teil, und um jeden Verdacht der Dominierung durch die Zentralregierung zu zerstreuen, hat diese Gesellschaft ihren Sitz nicht in Peking, sondern in Chongqing genommen.

2. Die neue Identität des Südens

Die Integrationskraft des Grenzdiskurses

Der antiimperialistische Nationalismus der Mao-Ära hatte den Blick für den Umstand verstellt, daß China ein Gemisch aus einer Vielzahl von Kulturen und die Ausdehnung des Reiches eine Folge der Expansion der Mandschu-Dynastie war. Seit den 90er Jahren scheint sich eine Umkehr abzuzeichnen, und es sieht so aus, als ob sich eine am chinesischen Süden orientierte neue nationale Identität herausbildet. Das Nebeneinander von marktwirtschaftlichen Elementen und staatssozialistischen Prinzipien der Einparteienherrschaft der KPCh stellt für die Chinesen die Frage nach ihrer wirtschaftlichen Identität. Noch Hua Guofeng, der unmittelbare Nachfolger Mao Zedongs, sah die Ausrichtung von Chinas Wirtschaftssystem in einem autarken sozialistischen Einheitsstaat auf der Grundlage einer entwickelten Schwerindustrie. Doch die unaufhaltsame Entwicklung von Wirtschaftssonderzonen und die Öffnung von 14 Küstenstädten 1984 leitete eine Entwicklung ein, die durch die Reise Deng Xiaopings in den Süden 1992, seine letzte große Reforminitiative, legitimiert wurde und doch im März des gleichen Jahres heftige Debatten im Politbüro auslöste. Ferner bildeten die engen Beziehungen insbesondere der Wirtschaftssonderzonen Shenzhen mit Hongkong und Xiamen mit Taiwan die Voraussetzungen für erste Schritte zu einer Reintegration von Hongkong und Taiwan in ein Großchina. Dabei spielte der lebhafte Handel in jener Zeit des 8. Fünfjahresplans (1991–1995) eine wichtige Rolle, in der das Bruttosozialprodukt der Volksrepublik jährlich um durchschnittlich 12 Prozent stieg.

Trotz solcher regionaler Entwicklungen führte der anhaltende Diskurs über Fragen der Außengrenzen zu einer Integration und stützte die Bildung einer chinesischen Identität. Daher auch werden die Forschungen zur Grenzgeschichte in keinem Land so intensiv betrieben wie in der Volksrepublik China. Dies steht durchaus im Zusammenhang mit einer patriotischen, nationalistischen Propaganda und Erziehung, wie sie mit der chinesischen Mauer verbunden wird. Seinen Anspruch auf Inseln auf dem Festlandssockel erhält China weiterhin aufrecht und will darüber hinaus ganz offensichtlich seinen Einfluß bis in den Indischen Ozean ausdehnen. Die ASEAN-Staaten („Association of South East Asian Nations“, das sind Thailand, Malaysia, Singapur, die Philippinen, Indonesien, Brunei und seit 1995 Vietnam) bilden trotz untereinander durchaus widerstreitender Interessen ein Gegengewicht gegen

Chinas Ansprüche; doch gerade die Spratly-Inseln im Golf von Tongking werden nicht nur von China, sondern, nicht zuletzt wegen der dort vermuteten Öl- und Gasvorkommen, auch von anderen ASEAN-Staaten beansprucht. Strittig sind auch die 190 Kilometer nordöstlich von Taiwan gelegenen, gegenwärtig in japanischem Besitz befindlichen Diaoyu-Inseln (Japanisch: Senkaku). Seit dem 16. Jahrhundert werden diese Inseln, unter denen große Erdgas- und Ölfelder vermutet werden, von China beansprucht, und in neuerer Zeit unterstreichen chinesische Aktivisten aus Hongkong und Taiwan durch kurzzeitige Besetzungen diese Ansprüche.

3. Dörfer und Städte

Dorfdemokratie

Spannungen zwischen den Städten und den ländlichen Gebieten sind in den letzten Jahren zur größten Herausforderung geworden. Das ländliche Nordchina um 1900 war Teil eines kulturell gestützten Machtgefüges gewesen und hatte so zur Stabilität des politischen System beigetragen. Der intendierte Zugriff des Staatsapparates bis auf die lokale Ebene hatte dann aber schließlich zu einer Schrumpfung des staatlichen Bereichs geführt, weil es eben nicht gelang, die älteren Formen lokaler Administration zu ersetzen. Dieses „kulturell gestützte Machtgefüge" ist ja nicht als eine räumliche Einheit zu sehen, sondern vielmehr als ein System, innerhalb dessen eine Vielzahl von Organisationen und von Netzwerken persönlicher Beziehungen an der Verteilung von Macht und Erwerbschancen auf örtlicher Ebene beteiligt waren. Dörfer, Felderbewachungsvereine, Bewässerungssysteme, Heiratsverbindungen, Tempelhierarchien etc. waren in der Vergangenheit Teile dieses Systems. Nach der Unterminierung dieses Machtgefüges durch den Prozeß der Staatsbildung zu Beginn des frühen 20. Jahrhunderts bildeten sich Ersatzstrukturen.

Ob das 1987 initiierte Dorfdemokratie-Programm nun zu neuen Strukturen führen wird oder statt dessen traditionelle

Formen der Sozialorganisation wiederbelebt werden, muß dabei einstweilen offen bleiben. Das Programm steht jedenfalls deutlich in der Tradition der Selbstorganisation der Dörfer, wobei es weniger um Partizipation als vielmehr um eine Maßnahme der Kontrolle der unteren Verwaltung und zugleich der Integration der Bevölkerung geht. Dies wird etwa deutlich an dem vom Zentralkomitee der KPCh und dem Staatsrat gemeinsam verbreiteten Zirkular zur „allgemeinen Durchführung des Systems der Offenlegung dörflicher Angelegenheiten und der demokratischen Verwaltung in den Dörfern". Darin wird die Offenlegung und Transparenz dörflicher Angelegenheiten (*cunwu gongkai*) als Kernerfordernis bezeichnet. Nicht nur die gewählten Dorfkomitees, sondern auch die dörflichen Zellen der KPCh sollen einer öffentlichen Aufsicht unterzogen werden. Darüber hinaus sollen die Verfahren der demokratischen Leitung (*minzhu guanli*) durch regelmäßige Versammlungen der Dorfbewohner bzw. derer Repräsentanten sowie durch regelmäßige Bewertungen der Arbeit der Dorfleitung durch die Dorfbewohner gestärkt werden. Für die Verwaltung dörflicher Angelegenheiten werden schriftlich festgelegte Regeln (*guizhang*) gefordert, um Willkürakte zu unterbinden. Bemerkenswert ist auch, daß vor „archaischen Klanstrukturen" (*zongzu shili*) und illegalen religiösen Aktivitäten gewarnt wird, die sich die ländliche Basisdemokratie zunutze machen könnten. Hier kommt also wieder das Thema „Orthodoxie" und Zensur ins Spiel. Andererseits spiegelt sich noch in diesen Maßnahmen die Erinnerung an die Erfolgsgeschichte der kommunistischen Bewegung in China, die ja niemals die Massen auf ihrer Seite hatte, wie sie in ihrer Propaganda immer wieder behauptete, sondern die flexibel auf örtliche und regionale Gegebenheiten sich einzustellen in der Lage war.

Neue Gegensätze

Die ideologische Vernachlässigung des ländlichen China, der Dörfer, ist seit langem zu einer erheblichen Belastung geworden, zumal China ja immer noch nahezu zu 80 % agrarisch strukturiert und entsprechend in kleineren sozialen Einheiten und Gruppen organisiert ist. Die Frage bleibt daher auf der Tagesordnung, wie die Beziehung zwischen beiden Bereichen, den Dörfern einerseits und den Städten andererseits, geregelt wird, zumal die Mehrzahl der Kader sich eher den Städten und deren Milieu zugehörig fühlt. Es gibt Anzeichen dafür, daß es unabhängig von dieser Spannung zwischen Stadt und Land auch zunehmend Unterschiede zwischen arm und reich gibt, und zwar nicht nur individuell, sondern auch regional, so daß wieder „interne Kolonien" entstehen könnten. Daraus könnten Spannungen mit lokalen sozialen Unruhen vor allem in solchen Gegenden und an solchen Orten entstehen, wo diese Unterschiede aufeinanderprallen. In diesem Zusammenhang muß auch von Massen-Wanderungen die Rede sein, die ihrerseits zu landsmannschaftlichen Vereinigungen und Siedlungsformen führen wie in Peking, wo sich inzwischen bereits mehr als zwei Dutzend solcher landsmannschaftlicher „Dörfer" im Stadtgebiet gebildet haben. Überhaupt nehmen die Wanderarbeiter – im wesentlichen als Folge der strukturellen Erwerbslosigkeit in den ländlichen Gebieten – zu. Um 1990 betrug der Anteil der Wanderbevölkerung an der Gesamtbevölkerung der acht größten Städte Chinas zwischen 11 % und 27 %, mit steigender Tendenz, so daß 1999 Maßnahmen zur Zuzugsbegrenzung ergriffen wurden.

Die Spannungen zwischen dem ländlichen Raum und den Städten haben sich inzwischen wieder verschärft. Das Wohlstandsgefälle zwischen Stadt und Land war in den 50er Jahren erheblich, nahm dann aber nach der Kulturrevolution dermaßen ab, daß sich Anfang der 80er Jahre die städtische Bevölkerung benachteiligt sah, deren Lebensstandard unter Anrechnung der Kaufkraftunterschiede unter den der Landbevölkerung zu sinken drohte. Seither hat sich die Kluft jedoch wieder vergrößert, so daß der Migrationsdruck auf die Städte drastisch gewachsen ist. In den letzten Jahren haben Bauernunruhen zugenommen. Vor diesem Hintergrund wird die Bereitschaft, auf dörflicher Ebene freie Wahlen zuzulassen, noch verständlicher, auch damit das Unruhepotential und insbesondere die Ursachen für ländliche Armut und Mißstände aufgehoben werden.

4. Schlußwort

Um 1900 glaubte man in Europa – und zum Teil auch in China –, daß die dort eingeschlagene Entwicklungsrichtung „von *universeller* Bedeutung und Gültigkeit" sei, wie dies Max Weber noch im Jahre 1919 formulierte, allerdings mit dem Zusatz: „wie wenigstens wir uns gern vorstellen". Dann war einige Jahre von der „pazifischen Herausforderung" die Rede. Heute wird wieder die von dem Soziologieprofessor Chen Xujing im Dezember 1933 in einer Rede in Guangzhou geforderte „Totale Verwestlichung" (*quánpán xihuà*) Chinas kontrovers diskutiert. Doch die Veränderungen geschehen im Detail und nicht spektakulär, und trotz allen Redens von der mehrtausendjährigen Geschichte Chinas hat sich das Land bereits jetzt grundlegend verändert. Im Zuge der Erörterungen eines verläßlichen positiven Rechtssystems und sonstiger demokratischer Rechte werden von maßgeblichen Teilen der Bevölkerung all jene Institutionen gefordert, die als Errungenschaften der bürgerlichen Revolution in Europa gelten. Bei dem Entwicklungsstand, auf dem China zu Beginn der 20er Jahre war, hätte eine bürgerliche Gesellschaft im mitteleuropäischen Sinn wohl überhaupt nicht errichtet werden können. Voraussetzung dafür war die Wiedergewinnung staatlicher Souveränität gewesen sowie die Einsetzung einer handlungsfähigen Exekutive. Doch offen blieb, in welche Richtung die Entwicklung gehen sollte.

Entsprechend den Erfordernissen wurde die Verfassung seit der Gründung mehrfach geändert, und man könnte die Geschichte der VR China auch im Spiegel der Verfassungsänderungen darstellen. So waren einzelne Verfassungsänderungen immer auch Ausdruck einer Neuorientierung in der politischen Zielsetzung. Grundmerkmal aber war stets, daß China als multiethnischer Einheitsstaat auf ein sozialistisches System verpflichtet wurde. Die Institutionen und das politische System veränderten sich zwar im Laufe der Zeit, manche Ämter wurden geschaffen, andere wurden beseitigt. Aber das begütigend als „demokratische Diktatur des Volkes" bezeichnete Prinzip, daß alle Führung von der Partei herkommen müsse, wurde niemals offiziell in Frage gestellt. Als Mittel der Realisierung der Staatsziele dienten und dienen die einzelnen Staatsorgane, darunter der Nationale Volkskongreß mit seinen etwa 3000 Delegierten und Li Peng als seinem gegenwärtigen Vorsitzenden bzw. der aus diesem gebildete Ständige Ausschuß. Daneben gibt es den Staatspräsidenten, seit 1993 Jiang Zemin, und den Staatsrat als Kern der Zentralregierung, an deren Spitze der Ministerpräsident, seit 1998 Zhu Rongji, steht.

Es ist anzunehmen, daß auf die kommunistische Revolution eine neue Veränderung folgen wird. Wir werden diese kaum bürgerlich nennen können, doch wird man im sich modernisierenden China nicht umhin können, gewisse formale Freiheiten einzuräumen, und dafür lassen sich heute bereits einige Anzeichen erkennen. Ob diese Entwicklung freilich als Fortschritt oder ob die Entfernung von der revolutionären Erfahrung des Langen Marsches hin zu einer stärker an Konsum orientierten Gesellschaft als eine Art Niedergang bezeichnet werden soll, darüber sind sich die Gemüter in China heute wohl selbst nicht ganz einig, und die Debatte hierüber wird auch in Zukunft nicht so bald aufhören.

Gedanken zu einer Aufsplitterung Chinas, zu einer politischen Organisation als Konföderation, sind gelegentlich geäußert worden. Und ein politischer, wirtschaftlicher und kultureller Föderalismus ist wohl der einzige mögliche Ausweg aus dem Dilemma des wachsenden Abstands im Modernitätsniveau einzelner Regionen. Chinas Entwicklungsprobleme beruhen zum Teil auf dem Fehlen klarer Kompetenzzuweisungen und -abgrenzungen politischer Institutionen auf unterschiedlichen territorialen Ebenen. Allerdings zeigen sich heute bereits Ansätze zu einer stärkeren Verflechtung führender Amtsträger der verschiedenen Systemebenen. Diese „Politikverflechtung" führt ansatzweise „zur Begrenzung zentralstaatlicher Machtbefugnisse und zur Herausbildung einer vertikalen Gewaltenverschränkung zwischen Zentrale und Regionen“ (Sebastian Heilmann). Die Verlagerung von Kompetenzen von der Zentralregierung auf die Provinzebene, wie sie seit 1979 vor allem in der Zuweisung von Gesetzgebungsbefugnissen auf die Provinzversammlungen stattfindet, ist zwar eine Voraussetzung für Gewaltenverschränkung, doch verstärken sich die Konflikte zwischen Zentrale und Provinz eher, als daß sie durch solche Kompetenzverlagerung mediatisiert würden.

Hinzu treten neue Armut und neue Strukturen politischer, zum Teil auch religiöser Organisationsformen. Hinzu tritt aber auch das Bewußtsein in China, die Zahl des unter der Armutsgrenze lebenden Bevölkerungsteils drastisch gesenkt zu haben; 1999 sind es 45 Millionen gegenüber etwa 250 Millionen im Jahr 1979. Die Balance zwischen politischer Stabilität und wirtschaftlicher ebenso wie sozialer und kultureller Veränderung und Lebendigkeit wird immer wieder neu zu erringen sein. Vom Gelingen dieses Prozesses hängt viel ab. Daher ist es wünschenswert, daß sich zumindest die Eliten in den einzelnen Weltteilen darum bemühen, daß ihr Wissen voneinander ausgewogen ist und daß ihre Verständigungskanäle lebendig bleiben. Dazu wäre es allerdings erforderlich, daß in Europa die Kenntnis über Ostasien wenigstens annähernd so verbreitet ist wie jene in China über Europa.

Weil sich China veränderte, hat sich auch das Bild, das sich Europa von China gemacht hat, in den letzten Jahrhunderten immer wieder gewandelt. Dieser Prozeß ist nicht abgeschlossen, und es ist ratsam, China auch aus anderen Perspektiven als nur aus der eigenen zu betrachten. Die Dynamik der Wirtschaftsentwicklung und die Fähigkeit Chinas, interne Probleme zu lösen, sprechen dafür, daß der pazifische Raum im kommenden Jahrhundert die wichtigste Prosperitätszone sein wird. Nur wenn sich der Westen – und damit meine ich vor allem die europäischen Länder – darauf einstellt, wird auch er Nutzen daraus ziehen und sich an der Gestaltung der Zukunft weiterhin wirksam beteiligen können.

Zeittafel

1793	Britische Gesandtschaft unter Leitung von Earl George Macartney in Peking.
1839–1842	Erster Opiumkrieg; Vertrag von Nanking.
1850	Beginn des Taiping-Aufstandes.
1851	Gründung des Reiches „Taiping Tianguo" („Himmlisches Reich des allgemeinen Friedens").
1856	Zweiter Opiumkrieg zwischen England und China, der 1860 endet.
1858	Verträge von Tianjin zwischen China, England, Frankreich, Rußland und den USA.
1860	Britische und französische Truppen dringen in Peking ein und zerstören den Sommerpalast. Vertrag von Peking. Rußland annektiert Ostsibirien.
1861	Errichtung eines Außenministeriums (Zongli Yamen) in Peking.
1862	Tongzhi-Reform.
	Eroberung Indochinas durch Frankreich.
1884–1885	Chinesisch-französischer Krieg.
1894–1895	Chinesisch-japanischer Krieg.
1898	„Hundert-Tage-Reform".
1900	„Boxeraufstand".
1904–1905	Russisch-japanischer Krieg. – Dr. Sun Yatsen gründet in Tokyo den „Revolutionsbund" (Tongmenghui), die Vorläuferorganisation der GMD (1913).
1911	Rebellion von Truppen in Wuchang; Sun Yatsen wird Präsident der provisorischen Regierung in Nanking.
1915	Japan stellt 21 Forderungen; Ausbruch einer Militärrevolte am Jahresende.
1916	Absetzung Yuan Shikais.
1919	Bewegung des 4.-Mai.
1921	Gründung der KP Chinas in Shanghai.
1923	Vereinbarungen zwischen der Sowjetunion und Sun Yatsen zur Bildung einer Einheitsfront von GMD und KPCh, die sich gegen die Kriegsherren sowie gegen Japan richtete.
1925	Tod von Sun Yatsen; Chiang Kaishek übernimmt die Führung der GMD; Erhebung vom 30. Mai in Shanghai und Guangzhou.
1926	Beginn des Nordfeldzuges.
1927	Auseinanderbrechen des Bündnisses zwischen GMD und KPCh.
1930	Gründung des Jiangxi-Sowjet durch Mao Zedong und andere.
1931	Japan beginnt mit der Besetzung der Mandschurei.
1934	Die Mandschurei ist vollständig in japanischer Hand; Errichtung des Marionettenstaates Mandschukuo (Manzhuguo).
1934–1935	„Langer Marsch" der kommunistischen Truppen nach Yan'an.
1937	Japanische Truppen greifen auf der Marco-Polo-Brücke chinesische Truppen an; zweite Einheitsfront zwischen GMD und KPCh gegen Japan.
1937–1945	Chinesisch-japanischer Krieg. Nach einem raschen Eroberungskrieg der Japaner bis Oktober 1938 eine relative Ruhe bis 1944.
1937/1938	Massaker von Nanking durch japanische Truppen.

1942	USA unterstützen Chiang Kaisheks Nationalregierung.
1945	Auf der Potsdamer Konferenz wird Japan verpflichtet, Taiwan an China zurückzugeben; die Nationalregierung übernimmt die Kontrolle.
1945–1949	Bürgerkrieg in China.
1946	Eine von Chiang Kaishek einberufene verfassunggebende Nationalversammlung wird von der KPCh und anderen Delegierten boykottiert.
1947	Waffenlieferungen der USA an die Nationalregierung.
28.2. 1947	Aufstand gegen die Nationalregierung in Taiwan, der blutig niedergeschlagen wird.
1949	Gründung der Volksrepublik China.
1950	Verkündung mehrerer Gesetze, u. a. zur Gleichstellung von Mann und Frau, zur Bodenreform, zum Schulwesen.
1950	Einmarsch chinesischer Truppen in Korea.
1951	„Drei-Anti-Kampagne“ zur Bekämpfung von Korruption, Verschwendung und Bürokratisierung vor allem von seiten der Parteikader; Einmarsch der Volksarmee in Tibet.
1952	Beginn der „Fünf-Anti-Kampagne“ gegen Steuerhinterziehung, Bestechung, Veruntreuung von Staatseigentum, Betrug und Verrat von Staatsgeheimnissen.
1953	1. Fünfjahresplan (1953–1957) zur sozialistischen Umgestaltung nach dem sowjetischen Vorbild.
1954	Abschluß eines Verteidigungs- und Kooperationsabkommens zwischen den USA und der Republik China auf Taiwan.
1956	Beschleunigung der Kollektivierung der Landwirtschaft.
1957	„Hundert-Blumen-Bewegung“.
1958	Der 8. Parteikongreß verkündet den „Großen Sprung nach vorn“, der 1961 für beendet erklärt wird und der eine Hungersnot mit schätzungsweise 30–40 Mio. Opfern nach sich zieht.
1959	Unruhen in Lhasa, der Hauptstadt Tibets; Dalai Lama flieht nach Indien.
1962	Indisch-chinesische Grenzstreitigkeiten.
1963	Offiziell wird der Bruch zwischen der VR China und der Sowjetunion bekräftigt.
1964	China zündet seine erste Atombombe.
1966–1976	Kulturrevolution, die zeitweise auch als die „Große proletarische Kulturrevolution“ bezeichnet wird.
1966	Deng Xiaoping wird entmachtet.
1967	Einbeziehung des Militärs in die Kulturrevolution.
1968	„Lernen von den Massen“-Kampagne und Entsendung von Abermillionen Jugendlichen aufs Land.
1969	Grenzkonflikte mit der Sowjetunion.
1971	Beginn der sog. Ping-pong-Politik zwischen den USA und der VRCh; ein Putsch Lin Biaos gegen Mao Zedong wird vereitelt; Lin Biao verunglückt bei einem Fluchtversuch. – Die VRChina übernimmt den Sitz Taiwans in den Vereinten Nationen.
1972	Besuch des amerikanischen Präsidenten Richard Nixon in China.
1975	Der IV. Nationale Volkskongreß verabschiedet eine neue Verfassung. Zhou Enlai fordert Modernisierungen auf verschiedenen Gebieten.
1976	Tod Zhou Enlais. – Schweres Erdbeben in Nordost-China fordert etwa 650 000 Tote. – Am 9. September stirbt Mao Zedong im Alter von 82 Jahren. Verhaftung der „Viererbande“.

1977	Deng Xiaoping wird rehabilitiert; die Kulturrevolution wird offiziell für beendet erklärt.
1978	Der von Deng Xiaoping eingeleitete Reformprozeß wird vom Zentralkomitee bestätigt. – „Mauer der Demokratie" in Peking.
1979	Aufnahme voller diplomatischer Beziehungen zwischen den USA und China. – Erlaß eines Joint-Venture Gesetzes.
1980	Bekräftigung der landesweiten Geltung der Ein-Kind-Politik (mit Ausnahme der nationalen Minderheiten).
1981	Die Mitglieder der „Viererbande", darunter Maos Frau Jiang Qing, werden zum Tode verurteilt; die Strafen werden später in lebenslange Haftstrafen umgewandelt.
1983	Wiederaufnahme diplomatischer Beziehungen mit Indien.
1987/88	Einstieg Chinas in Internet
1989	Unruhen in Tibet. – Tod von Hu Yaobang am 15. April; die folgenden Trauerkundgebungen münden in eine Welle von Demonstrationen. Am 30. Mai Errichtung der „Göttin der Demokratie" auf dem Platz des Himmlischen Friedens, in der Nacht vom 3. auf den 4. Juni 1989 wird der Platz von Einheiten der Armee gewaltsam geräumt. Jiang Zemin tritt an die Spitze von Partei und Staat.
1990	Am 1. Mai Aufhebung des Ausnahmezustandes in Tibet.
1991	Im Mai und Juni schwere Überflutungen in 15 Provinzen.
1992	Deng Xiaopings Reise in den Süden. – Chris Patten Gouverneur von Hongkong.
1994	Der Nationale Volkskongreß stärkt seine Position.
1996	Die Russische Föderation verabredet mit China „Strategische Partnerschaft für das 21. Jahrhundert". Fünf-Länder-Abkommen zwischen Rußland, China, Kasachstan, Kirgisistan und Tadschikistan.
1997	19. Februar Tod Deng Xiaopings. Anschläge in Peking und Xinjiang von seiten uighurischer Separatisten. 1. Juli Rückgabe Hongkongs, das zu einer Sonderverwaltungsregion wird. September: 15. Parteitag der KPCh. Bekenntnis zur Reorganisation (Entstaatlichung) der Staatsbetriebe.
1998	März: Zhu Rongji neuer Ministerpräsident, Reorganisation der Regierung (Abschaffung zahlreicher Kommissionen und Ministerien). Dezember: Erste Direktwahlen auf Gemeindeebene in der Provinz Sichuan.
1999	Januar: „Aktionsplan für den Aufschwung des Bildungswesens im 21. Jahrhundert" wird vom Staatsrat verabschiedet. April: Abschluß der Markierung der chinesisch-russischen Grenzen. Im April versammeln sich mehr als zehntausend Falungong-Anhänger am Sitz der Partei- und Regierungszentrale in Beijing, um gegen die Einstufung von Falungong als gefährliche Sekte zu protestieren. 8. Mai, versehentliche Bombardierung der chinesischen Botschaft in Belgrad (Jugoslawien) durch die NATO unter Führung der USA. 20. Dezember, Rückgabe Macaus an die VR China.
2000	Bei dem ersten demokratischen Machtwechsel eines chinesischen Landes wird Chen Shuibian Präsident der Republik auf Taiwan.
2001	Beitritt Chinas in die Welthandelsorganisation (WTO). China unterstützt die USA in der Terrorismusbekämpfung.
2002	November, 16. Parteitag, Wahl des 16. ZK der KPCh.
2003	März, Hu Jintao wird Staatspräsident der VR China und Generalsekretär der KPCh; Wen Jiabao wird Ministerpräsident.

Literaturhinweise

Hinweise zur gegenwärtigen Entwicklung finden sich in:

China aktuell. Monatszeitschrift. Herausgegeben vom Institut für Asienkunde Hamburg.

The China Quarterly. Oxford.

Asian Survey. A Bimonthly Review on Contemporary Asian Affairs. Institute for East Asian Studies, University of California.

Übersichtsdarstellungen und Handbücher:

Das große China-Lexikon, hrsg. von Brundhild Staiger u. a. Darmstadt 2003.

Howard L. Boorman, Richard C. Howard, Hrsg., *Biographical Dictionary of Republican China.* 4 Bde., New York 1967–1971.

Lucian Bianco, *Les Origins de la révolution chinoise, 1915–1949.* 2. Aufl. Paris 1987.

Oskar Weggel, *Geschichte Chinas im 20. Jahrhundert.* Stuttgart 1989.

John K. Fairbank, Denis Twitchett, Hrsg., *The Cambridge History of China.* Band 10 ff. Cambridge 1978 ff.

John K. Fairbank, *Geschichte des modernen China 1800–1985.* München 1989.

Jonathan D. Spence, *Chinas Weg in die Moderne.* München 1995.

Edward L. Dreyer, *China at War. 1901–1949.* New York 1995.

Rafe de Crespigny, *China. This Century.* Hongkong, Oxford, New York 1992.

Marie-Claire Bergère, Lucien Bianco, Jürgen Domes, *La China au xxe siècle.* 2 Bde., Paris 1989, 1990.

Richard T. Phillips, *China since 1911.* New York 1996.

Carsten Herrmann-Pillath und Michael Lackner (Hrsg.), *Länderbericht China. Politik, Wirtschaft und Gesellschaft im chinesischen Kulturraum.* Bonn: Bundeszentrale für politische Bildung 1998.

Jürgen Osterhammel, *China und die Weltgesellschaft: Vom 18. Jahrhundert bis in unsere Zeit.* München 1989.

Jürgen Osterhammel, *Shanghai 30. Mai 1925: Die chinesische Revolution.* München 1997.

Brian Hook (Hrsg.), *The Cambridge Encyclopedia of China,* Cambridge 1982.

Christopher Hudson (Hrsg.), *The China Handbook,* Chicago, London 1997.

Renate Krieg, Lui Jen-Kai, Gunda Müller, Monika Schädler, Eva Sternfeld, *Provinzporträts der VR China. Geographie, Wirtschaft, Gesellschaft,* Hamburg 1998.

Harold C. Hinton (Hrsg.), The People's Republic of China. A Handbook, Boulder 1979.

Register